Andreas Kuhn und Gabriele Stüber

AM ANFANG
WAR DAS WORT

LUTHER
2017
500 JAHRE
REFORMATION

# Lutherbilder aus sechs Jahrhunderten

Hrsg. im Auftrag des Verbandes kirchlicher Archive,
Evangelische Kirche in Deutschland,
von Gabriele Stüber und Holger Bogs

verlag regionalkultur

# Impressum

| | |
|---|---|
| Titelbilder: | Sigrid Mohr, Darmstadt, und Karin Feldner-Westphal, Speyer |
| Titel: | Lutherbilder aus sechs Jahrhunderten |
| Autoren: | Andreas Kuhn und Gabriele Stüber |
| Herausgeber: | Gabriele Stüber und Holger Bogs |
| Herstellung: | verlag regionalkultur (vr) |
| Satz und Umschlaggestaltung: | Harald Funke (vr) |
| Endkorrektorat: | Katja Leschhorn (vr) |

ISBN 978-3-89735-944-4

Bibliographische Information der Deutschen Bibliothek
Die Deutsche Bibliothek verzeichnet diese Publikation in der Deutschen Nationalbibliographie; detaillierte bibliographische Daten sind im Internet über http://dnb.ddb.de abrufbar.

Diese Publikation ist auf alterungsbeständigem und säurefreiem Papier (TCF nach ISO 9706) gedruckt entsprechend den Frankfurter Forderungen.

verlag regionalkultur
Ubstadt-Weiher • Heidelberg • Basel

Korrespondenzadresse:
Bahnhofstraße 2 • D-76698 Ubstadt-Weiher
Tel. 07251 36703-0 • Fax 07251 36703-29
E-Mail kontakt@verlag-regionalkultur.de • Internet www.verlag-regionalkultur.de

# Inhaltsverzeichnis

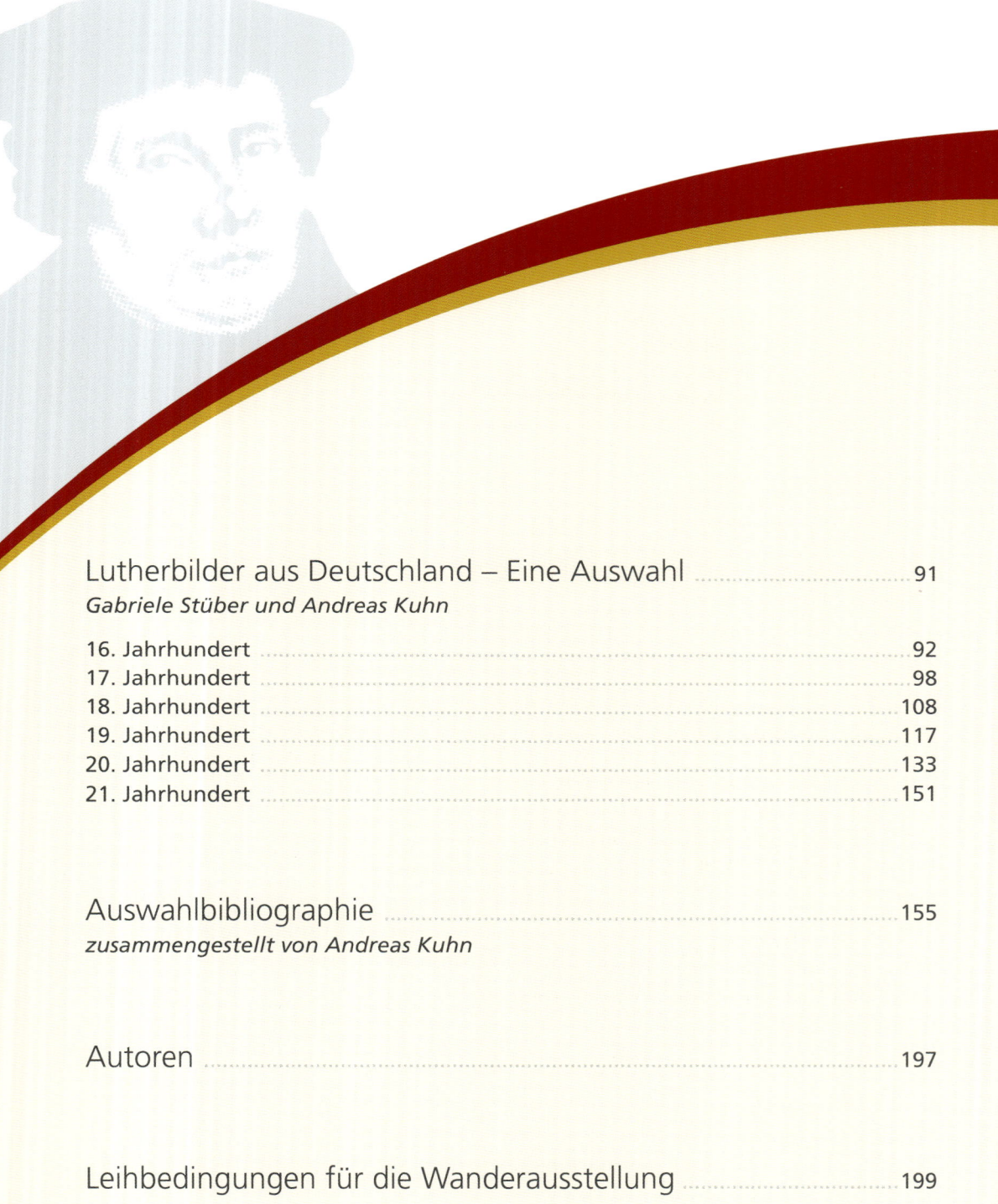

# Grußwort

Die Reformation war eine breite Bewegung. Sie verdankt sich der
Initiative vieler Männer und Frauen. Und doch
ist sie in besonderer Weise mit einer Gestalt verbunden: mit Martin Luther. Seine Person gibt der Reformation in besonderer Weise ein Gesicht.

Davon zeugen die Luther-Darstellungen seit seiner Zeit und bis in die
Gegenwart: vom Porträtbild eines Lucas Cranach bis zur Playmobil-Figur, die
für das 500-jährige Jubiläum der Reformation wirbt.

Luther ist bild- und wirkmächtig bis heute. Zugleich war und ist er immer auch der
Vereinnahmung durch den jeweiligen Zeitgeist ausgesetzt, der sich noch nie ge-
scheut hat, den Reformator in die jeweils passenden Klischees zu pressen.

Einen Eindruck von solcherlei Rollenfestlegungen geben die Ausstellung und dieser Begleitband des Verbandes kirchlicher Archive in der EKD mit insgesamt 100
Lutherbildern aus sechs Jahrhunderten. Sie spüren dem Wandel des Lutherbildes
nach und deuten die Porträts in ihrem jeweiligen Zeitbezug.

Lassen Sie sich einladen, in diesen Darstellungen Martin Luther neu zu begegnen.
Vielleicht entdecken Sie ja, wie wenig er sich für Klischees eignet und wie originell
das, was er als wichtig erkannt hat, bis heute ist.

Ich wünsche der Wanderausstellung, die nach der Eröffnung in Worms am 8. März
2016 ihre Reise durch die Gliedkirchen der EKD antritt, viel Erfolg und gute Reso-
nanz. Und Ihnen wünsche ich beim Lesen zu dem, was Sie gesehen haben, interes-
sante Erkenntnisse.

Herzlich
Ihr

Heinrich Bedford-Strohm,
Vorsitzender des Rates der Evangelischen Kirche in Deutschland

Hannover, im Dezember 2015

# Vorwort der Herausgeber

Mit der Jahreszahl 1517 verbinden viele Menschen nicht nur im protestantischen Deutschland bis heute den Thesenanschlag Martin Luthers und die sich damit bahnbrechende Dynamik einer tiefgreifenden Reformation der damaligen kirchlichen und gesellschaftlichen Verhältnisse. Im Rückblick auf diese Tradition begehen die Evangelische Kirche in Deutschland und ihre Gliedkirchen 2017 das 500. Reformationsjubiläum. Die evangelischen und lutherischen Christen weltweit berufen sich seit einem halben Jahrtausend auf Martin Luther, seine Lehren und insbesondere seinen Thesenanschlag als Fanal kirchlichen Erneuerungswillens. Aus *einer* Reformation wurde *die* Reformation.

Die Menschen in allen seither vergangenen Jahrhunderten entwickelten ihre jeweils eigenen Sichtweisen und Erklärungsmuster von Person und Werk des Reformators – theologische, historische, politische und philosophische Positionen, künstlerisch und medial vielfältig umgesetzt und interpretiert, in stetem Wandel bis heute. Diese immer neuen Vergegenwärtigungen belegen die Präsenz Martin Luthers bis heute. Der so entstandenen Lutherrezeption geht die Ausstellung „Lutherbilder" nach. Die Vielzahl der Einzelbilder schafft Konturen einer ausgedehnten Landschaft, die gewissermaßen aus der Vogelperspektive als ein Ganzes erkennbar und überschaubar wird.

Der Verband kirchlicher Archive der Evangelischen Kirche in Deutschland liefert in Form dieser Ausstellung seinen Beitrag für die Auseinandersetzung mit dem Reformationsjubiläum. Die Federführung lag bei den Zentralarchiven der Evangelischen Kirche der Pfalz in Speyer und der Evangelischen Kirche in Hessen und Nassau in Darmstadt. Die Archive des Verbandes und viele andere Ideen- und Bildgeber haben deutschlandweit dazu ihnen wichtige oder typische Beiträge geliefert.

Unser Dank gilt Andreas Kuhn für die Texte in Ausstellung und Katalog, Dr. Michael Heymel für das Lizenzmanagement, Sigrid Mohr für das Design der Ausstellung und dem Verlag Regionalkultur für die Abstimmung von Ausstellung und Katalog sowie allen anderen, die zum Gelingen des Vorhabens beigetragen haben, vor allem auch den Zuschussgebern.

Wir stehen am Anfang des sechsten Jahrhunderts unserer Auseinandersetzung mit Person und Werk Martin Luthers. So wie die Reformation mit dem Epochenjahr 1517 ihren Anfang nahm und sich verbreitete, so wünschen wir der Ausstellung „Lutherbilder" eine impulsgebende Wirkung, eine Diskussionen anregende Aufnahme und eine lange Wanderzeit.

Holger Bogs und Gabriele Stüber
Darmstadt und Speyer, im Januar 2016

# Bilder und Texte der Ausstellung

## Andreas Kuhn

## Einführung

Martin Luther gehört zu den am häufigsten dargestellten Personen der deutschen wie auch der Weltgeschichte. Die Lutherhalle Wittenberg bewahrt ca. 2400 verschiedene Lutherbilder auf. Allein zu Luthers Lebzeiten entstanden rund 500 Bilder.

Als Thema protestantischer Bilderwelten hat Martin Luther das visuelle Bewusstsein evangelischer Kreise und seit dem 19. Jahrhundert das der Deutschen insgesamt maßgeblich geprägt. Lutherdarstellungen begegnen bis heute im öffentlichen, kirchlichen und häuslichen Raum. Bei aller Verschiedenheit fußen sie auf Grundtypen aus der Werkstatt des älteren und jüngeren Lucas Cranach.

Jede Zeit schafft sich ihr eigenes Lutherbild. Als eine der bedeutendsten Persönlichkeiten der deutschen Geschichte blieb der Reformator der Nachwelt für Jahrhunderte ein wichtiger Bezugspunkt ihrer Selbstverortung. In diesem fortwährenden Aneignungsprozess bestand und besteht freilich immer die Gefahr der Verherrlichung und Instrumentalisierung. Doch auch jenseits davon erzeugt die Auseinandersetzung mit der facettenreichen Persönlichkeit Luthers vielfache Brechungen. Sein Bild wandelt sich mit dem soziokulturellen und politischen Wahrnehmungsraster der jeweiligen Zeit und ihren spezifischen Interessen. Es bedarf indessen der Kunst, um die imaginierten Lutherbilder gleichsam einzufangen und in eine anschauliche Form zu übersetzen. Darstellungen dieser Art treten der Ideenvermittlung durch Wort und Schrift nicht nur zur Seite, sondern erzielen sogar eine effektivere Tiefen- und Breitenwirkung. Im Laufe der Jahrhunderte haben etliche Rezeptionsschichten die historische Gestalt des Reformators überformt. Durch die Anlagerung mannigfaltiger Überlieferungssedimente ist er zu einer nachgerade mythischen Figur geworden.

AM ANFANG
WAR DAS WORT

LUTHER
2017
500 JAHRE
REFORMATION

## Tafel 1: 16. Jahrhundert – Ausgangspunkt

Die ikonographischen Weichenstellungen für Luthers Porträt erfolgen zu seinen Lebzeiten. Mit der Verbreitung seiner Thesen erwachte das Interesse am Aussehen Luthers. Die von Lucas Cranach und seiner Werkstatt geschaffenen Bilder waren als Grundtypen prägend für die Vorstellung von Martin Luther – und sind es bis heute.

Im Jahr 1520 entstand das älteste authentische Lutherporträt: Cranach zeigt Luther als Mönch (Abb. 1.1.). Ein Jahr später benutzt Hans Baldung Grien eine Variante dieses Bildes als Vorlage und spitzt dessen proreformatorische Tendenz wirkungsvoll zu (Abb. 1.2.). Auch das Porträt Luthers mit Doktorhut vertritt die Sache des neuen Glaubens, geht aber ungleich subtiler zu Werke (Abb. 1.3.).

Das erste authentische Lutherporträt zeigt den 37-jährigen Mönch aus Wittenberg an einer Wendemarke seines Lebens. Noch während der Arbeit an seinen drei reformatorischen Hauptschriften erging 1520 gegen Martin Luther die päpstliche Bannandrohungsbulle, die ihn ultimativ zum Widerruf seiner „Irrtümer" aufforderte. In dieser entscheidenden Situation entstand Cranachs Bild.

Luther erscheint barhäuptig mit Tonsur im Dreiviertelprofil. Über dem turmartigen Aufbau von weiter Schulterpartie, Kragenausschnitt und zurückgeschlagener Kapuze wirkt er zeitlos wie eine Büste vor neutralem Hintergrund. Dennoch ist die Darstellung voller Spannung und Unruhe. Bewegte Linienzüge und flackernde Strichlagen zeichnen in harten Konturen ein scharf geschnittenes, knochiges und doch muskulöses Gesicht. Die schmalen Lippen, die fest aufeinanderliegen, und der wache, entschlossene Blick tun ein Übriges, um ein kämpferisches Lutherbild entstehen zu lassen. Es ist das Bild eines Asketen und Denkers, der die von ihm in hartem inneren Ringen endlich erlangte Glaubenswahrheit gegen alle Widerstände durchzusetzen entschlossen ist. In der Tat sollte Luther standhalten, wie es sein Porträt verhieß. Noch im Dezember des gleichen Jahres 1520 verbrannte er die päpstliche Bannandrohungsbulle vor den Toren von Wittenberg.

Das heute so vertraute Bildnis wurde 1520 nicht weiter verbreitet. In Kursachsen, Luthers Heimat, erschien es dem Landesherrn nicht ratsam, im Vorfeld des Wormser Reichstags das Porträt eines undiplomatisch und dickköpfig wirkenden Luthers in Umlauf zu bringen. Benötigt wurde stattdessen ein sanftes, Gesprächsbereitschaft signalisierendes Lutherbild, das Cranach noch im selben Jahr ablieferte und das dann zur Vorlage für Hans Baldungs Bild von Luther unter der Taube des Heiligen Geistes wurde.

**1.1. Martin Luther als Augustinermönch**
*Lucas Cranach d. Ä. (Kronach 1472 – Weimar 1553)*
*Kupferstich, 1520*
*Bildarchiv der Luthergedenkstätten in Sachsen-Anhalt, Lutherhalle Wittenberg*

**1.2. Martin Luther unter der Taube des Heiligen Geistes**
*Hans Baldung Grien (Schwäbisch-Gmünd [?] 1484/1485 – Straßburg 1545)*
*Holzschnitt, 1521*
*Germanisches Nationalmuseum Nürnberg, Mp 14682*

Baldung steigert Cranachs zweites, sanftes Porträt von Luther als Mönch von 1520 äußerst wirksam zum Heiligenbild. Der betonte Blick zum Himmel, der Beteuerungsgestus über der geöffneten Bibel, vor allem aber der Strahlenkranz und die darüber schwebende Taube des Heiligen Geistes sind Bildmotive, die den Zeitgenossen aus Heiligendarstellungen vertraut waren. Luther wird zum vom Heiligen Geist erleuchteten Sendboten Gottes, der das Evangelium lauter und rein verkündet.

Die Darstellung war so erfolgreich, dass sie mehrfach die Titel von Lutherschriften sowie Berichte über Luthers Auftreten vor dem Wormser Reichstag schmückte. Auch als Einblattdruck kursierte Baldungs Holzschnitt. Der päpstliche Nuntius Aleander vermeldete 1521 empört aus Worms, die Leute kauften dieses Blatt, küssten es und trügen es selbst in die kaiserliche Pfalz.
Baldungs Lutherbild steht mit am Anfang eines neuen massenwirksamen Traditionsstranges, in dessen Logik es lag, den Reformator zu einem protestantischen Ersatzheiligen werden zu lassen, wie es volkstümliche Bedürfnisse erforderten. Bilder dieser Art trugen entscheidend zur Ausbreitung der Reformation bei.

Das Porträt entstand vermutlich kurz vor Luthers Abreise nach Worms, wo er die neue Glaubenswahrheit vor Kaiser und Reich verteidigen sollte. Luther erscheint kampfbereit im markanten Profil als Theologieprofessor in der standesüblichen Tracht mit Doktorbarett und weitem Kapuzenmantel. Sein Blick geht kraftvoll, sicher und ruhig in die Zukunft.

Die ganze Gestalt ist aus wenigen Blöcken zusammengesetzt. Über dem wuchtigen pyramidalen Aufbau des Oberkörpers halten sich Gesicht und der ebenso große Doktorhut die Waage. Die dadurch hervorgerufene monumentale Wirkung erinnert an eine Medaillenprägung, die in der Tat wenig später nach Cranachs Stich entstand. Die Monumentalität wird durch die Darstellung Luthers im Profil weiter gesteigert. Zugleich distanziert das Profilbildnis den Porträtierten vom Betrachter, indem es jeden Kontakt mit ihm meidet und so eine ehrfurchtgebietende, hoheitliche Aura erzeugt. Entsprechend war das Profilbildnis um 1521 in Deutschland einem exklusiven, fürstlichen Personenkreis vorbehalten.

Auffällige physiognomische Details des Lutherkopfs verstärken den Ausdruck des Erhabenen. Der ausgeprägte Stirnwulst galt seit der antiken Physiognomik, die Tier- und Menschenzüge verglich, als Zeichen des heroischen Tatmenschen, zumal die Stirn des Löwen, des edelsten und tapfersten aller Tiere, eben diesen Wulst aufwies. Auch die aus dem Hutrand herausspringende Haarlocke zählt zu den Besonderheiten des Löwen- und Heroenkopfs. In der Renaissance wurden zahlreiche Herrscherbildnisse nach solchen antiken physiognomischen Mustern stilisiert. Indem Cranach diese Bildformel zitiert, versetzt er den Reformator in die repräsentative Sphäre politischer Heroen, deren vornehmste Aufgabe es ist, ihr Leben für das Allgemeinwohl in die Schanze zu schlagen.

In seiner zweiten Fassung mit dunklem Hintergrund wurde das Bild in propagandistischer Absicht vermutlich vor dem Eintreffen Luthers in Worms in Umlauf gebracht.

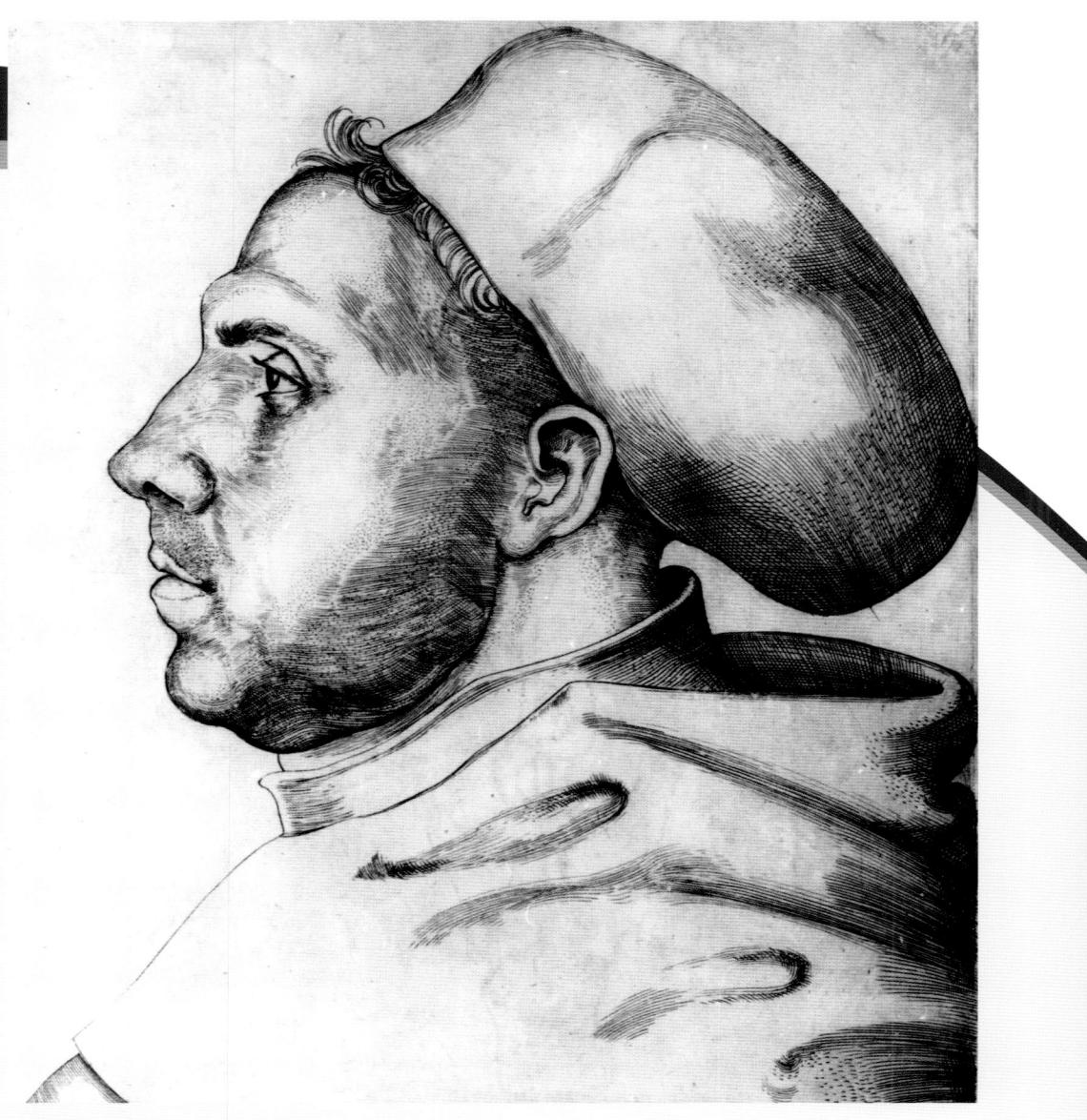

**1.3. Martin Luther mit Doktorhut**
Lucas Cranach d. Ä. (Kronach 1472 – Weimar 1553)
Kupferstich, 1521
Kunstsammlungen der Veste Coburg, Inv. I,41,7

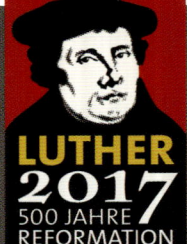

LUTHER
2017
500 JAHRE
REFORMATION

## Tafel 2: 16. Jahrhundert – Propagandagraphik

Von den Lutherporträts zweigt sich schon bald eine eigene Propagandagraphik ab, die zum festen Begleiter der schwierigen Anfangsjahre der Reformation avanciert. Das Bildnis Luthers erweitert sich durch sprechende Kontexte und zahlreiche Details, die das Verständnis der Betrachter in die gewünschte Richtung lenken: Anhänger und Gegner des Reformators inszenieren ihn theaterhaft in Bildern, die sie als Waffe in ihrem Kampf um die öffentliche Meinung einsetzen. Der Buchdruck erlaubt es, diese Darstellungen über Flugschriften massenhaft zu verbreiten.

Die Anhänger Luthers preisen ihn als den neuen Herkules (Abb. 2.1.), als Vorkämpfer christlicher Freiheit oder als zweiten Hieronymus (Abb. 2.3.). In der gegnerischen Propaganda wird Luther dämonisiert, lächerlich gemacht oder verunglimpft. Als besonders beliebtes Motiv erweist sich dabei Luthers Pakt mit dem Teufel (Abb. 2.2.).

Wahrscheinlich in der kritischen Zeit nach dem ersten Bekanntwerden der päpstlichen Bannandrohungsbulle, im Sommer 1520, schildert Holbein Luther als nationalen Heros, der in antikisierender Tugendheldenpose die Gegner des Vaterlandes und des Humanismus bezwingt. Christliche Anschauung sah in Herkules das heidnische Pendant zu biblischen Helden und Heiligen, ja die Präfiguration des Heilands. Neben seiner außergewöhnlichen Kraft bewunderte man seine Tugend und Charakterstärke. Herrscher ließen sich daher nur zu gerne in der Nachfolge des Herkules darstellen.

Bei Holbein erscheint nun der Mönch Luther in der christianisierten Heldenrolle des deutschen Herkules. Angetan mit dem unverwundbaren Fell des Nemeischen Löwen, schwingt der riesenhafte Luther in Laokoonpose die Keule des Herkules und hat damit bereits mehrere Gegner zu Boden gestreckt. Ihm zu Füßen liegen zwergenhaft die hergebrachten geistigen Autoritäten: die Vertreter der Scholastik (u. a. Thomas von Aquin, Petrus Lombardus und Wilhelm von Ockham) samt ihres geistigen Ahnherrn Aristoteles. Im Hintergrund flüchtet ein Mönch in panischem Schrecken.

Holbein, der mit Erasmus von Rotterdam befreundet war, lässt Luther auf seinem Holzschnitt im Sinne der Humanisten einen Kampf gegen scholastische Dunkelmänner und den Ungeist der Mönche führen, die die reinen Quellen der Wahrheit verstopft haben. Den prominentesten Vertreter dieses humanistischen Feindbildes, den Kölner Dominikaner und päpstlichen Inquisitor Jakob Hochstraten, hat Luther soeben am Kragen gepackt. Er wird das nächste Opfer der lutherschen Keule werden. Auch das Papstmännlein, das gefesselt mit verkrampften Fingern an einem Strick baumelt, den der neue Herkules mit den Zähnen hält, steht in Einklang mit der scharfen Papstkritik vieler, gerade deutscher Humanisten. Ihr Groll gegen Rom verband sich mit einem aufkeimenden deutschen Nationalgefühl. Luther galt ihnen mit seinem Widerstand gegen kirchliche und päpstliche Autorität als willkom-

## 2.1. Luther als Hercules Germanicus
*Hans Holbein d. J. (Augsburg 1497/98 – London 1543)*
*Kolorierter Holzschnitt, um 1520*
*Zentralbibliothek Zürich, Ms. A2, p.150*

mener Bundesgenosse im Kampf gegen die Feinde des Vaterlandes und für eine neue Kultur. Der junge, grünende Baum, der neben Luther emporragt, steht in reformatorischen Allegorien für den Baum des Lebens, der mit dem Neuen Bund und dem Evangelium gleichgesetzt wird. Luthers schlagkräftiges Eintreten für das Evangelium hat diesen Baum gleichsam erneut zum Grünen gebracht.

Luther selbst machte nie einen Hehl aus seiner Neigung, Gegner mit drastischen Methoden zu attackieren: „Wenn ich komm, so schlag ich dem Faß den Boden aus und schlag mit Keulen drein" (1542/43).

# Luthers vnd Lutsbers

## eintrechtige vereinigung / so in xxij

rygenschafften sindt allenthalben gleychförmig verfüget /
Durch M. pet. Sylvium der Christenheyt zu seliger warnung trewlich
beschriben / vnd mit Götlicher schrifft vnwidersprechlich ergrün
det / wie es am letzten blat ist volkomlicher berürt.

**2.2. Luther im Bunde mit dem Teufel**
*Anonym*
*Holzschnitt, 1535 (Titelbild aus Petrus Sylvius, „Luthers und Lutzbers eintrechtige Vereinigung")*
*Bayerische Staatsbibliothek München, Res/4 Polem. 2890*

Unter einer Bogenstellung öffnet sich ein von drei Fenstern beleuchteter Innenraum, in dem Luther in Professorentracht mit Barett und Schaube erscheint. Der Reformator reicht mit entschlossener Miene Luzifer die rechte Hand zum Bruderbunde, während ein kleiner geflügelter Teufel ihm Eingebungen ins Ohr flüstert. Die linke Hand des Reformators ruht auf der geschlossenen Bibel.

Die katholische Polemik brachte Luther schon früh mit dem Teufel in Verbindung. In Umkehrung reformatorischer Bildformeln stempelt der anonyme Holzschnitt Luther zum Werkzeug des Satans. An die Stelle der Taube des Heiligen Geistes, die Luther wie einen Evangelisten inspiriert, treten die Eingebungen des Höllengeistes. Luther ist zwar die Bibel beigegeben, aber sie bleibt verschlossen. Überdies demonstriert die auf die Heilige Schrift aufgelegte linke Hand in ihrer traditionellen Negativsymbolik, dass Luther sich der Bibel bemächtigt hat, um sie falsch auszulegen. Während auf glorifizierenden Lutherdarstellungen die rechte Hand beteuernd an die Brust gelegt ist, vollzieht die Rechte hier den Bundesschluss mit Luzifer aus vollem Herzen. Die Einfassung der Szene durch eine Bogenöffnung, die als sakrale Würdeformel den Zeitgenossen vertraut war, pervertiert den sakralisierten Luther der reformatorischen Bildpropaganda vollends zu einem Apostel des Bösen.

Über ein Lesepult gebeugt, sitzt der alte Luther einsam in einer Gelehrtenklause an einem Tisch und hat sich in ein Buch vertieft. Feder und Tinte stehen griffbereit, um den nächsten Gedanken sofort notieren zu können. Über Luthers Kopf hängt an der Wand ein Kardinalshut. Das Bild des Monogrammisten WS zitiert bis ins Detail, wenn auch seitenverkehrt, einen der berühmten Meisterstiche Albrecht Dürers, auf dem dieser 1514 den Heiligen Hieronymus im „Gehäus" dargestellt hatte. Die Anlehnung an das große Vorbild und der Wunsch nach Parallelisierung von Luther und Hieronymus gehen so weit, dass selbst altkirchliche Gegenstände wie Kardinalshut und Rosenkranz von Dürers Stich übernommen werden.

Indem der Künstler Luther an die Stelle des grundgelehrten Heiligen setzt, weist er ihm die Rolle eines protestantischen Kirchenvaters zu. Wie einst Hieronymus die Bibel ins Lateinische übersetzte und damit die Grundlage zur gelehrten Theologie des Abendlandes legte, verankert Luthers Bibelübersetzung ins Deutsche den evangelischen Glauben im Volk, das jetzt den unmittelbaren Zugang zum Wort Gottes hat und sich über die Heilsfragen ein eigenes Urteil bilden kann.

Die Gelehrtenklause lässt vor allem an den Wartburgaufenthalt des jüngeren Luther denken, wo er im Winter 1521/22 in wenigen Wochen das Neue Testament in einer Rohfassung ins Deutsche übertrug. Gleichwohl ist Luther auf dem Kupferstich als alter Mann ins Bild gesetzt worden. Die ehrwürdige Erscheinung des Reformators entsprach den Bedürfnissen der neuen Zeit. Nach Luthers Tod und der konfessionellen Festigung des evangelischen Lagers berief man sich auf Luther als Kirchenvater und Kirchenlehrer. Seine nun hervorgehobene Leistung war die deutsche Bibel. Die Orthodoxie wachte über sein kanonisiertes theologisches Erbe. Konfessionellen Geist atmet auch das Zitat am unteren Bildrand, das von den Wappen Luthers und des sächsischen Fürstenhauses eingerahmt wird: „Lebend war ich Deine Pest, sterbend werde ich Dein Tod sein, Papst!". Gerade der alternde Luther, der mit diesen seinen Worten auch später gerne glorifizierend dargestellt wurde, hatte den Antagonismus zum Papsttum publizistisch in aller Schärfe ausgetragen.

**2.3. Luther als Hieronymus im Gehäus**
Monogrammist WS (Wolfgang Stuber [?], Werke von 1547 bis 1587)
Kupferstich, um 1580
Germanisches Nationalmuseum Nürnberg, St.N 4493

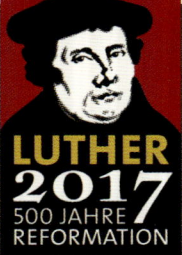

AM ANFANG
WAR DAS WORT

LUTHER
2017
500 JAHRE
REFORMATION

## Tafel 3: 16. Jahrhundert – Sakralbild

Unmittelbar nach Luthers Tod im Jahre 1546 entstehen Stilisie-
rungen des Reformators als Glaubenszeuge, Prophet, Zeitgenosse Christi oder Kirchenvater. Er erscheint sogar auf Altarbil-
dern (Abb. 3.1. und 3.3.) und findet ebenso in repräsentativen
profanen Bildwerken seinen Platz.

Bekenntnishaften Charakter besitzen Bilder, die reformatorisch gesinnte Fürsten und ihre Familien gemeinsam mit Luther im Gebet am Kreuz Christi zeigen
(Abb. 3.2.). Biblische Geschichte, Reformationsgeschichte und Glaubensbekennt-
nis verdichten sich hier zu einem überzeitlichen Lutherbild mit sakralem Gehalt.

Luther in Halbfigur auf der Kanzel verweist mit der
Rechten in der Haltung Johannes des Täufers auf den Gekreuzigten in der Bildmitte. Jenseits des Kreuzes ist die andäch-
tige Gemeinde versammelt, darunter sind zu erkennen der Künstler
Cranach selbst und Katharina von Bora mit dem Sohn „Hänschen". Luthers Linke ruht auf der aufgeschlagenen Bibel.

Luther verstand das evangelische Pre-
digtamt als Nachfolge Johannes des
Täufers, der allein das Werk des gegen-
wärtigen Christus zeigt und damit auf
Gnade, Licht, Leben, Vergebung und
Opfer verweist. Luther zufolge bedür-
fen die Menschen des Zeigegestus, der
Vermittlung des weisenden Johannes,
um Christus als solchen zu erkennen
und den Glauben allererst möglich
werden zu lassen. Dabei ist der Täufer
nicht selbst heilig, er ist nicht das Licht
selbst, wie dies etwa die Schwärmer für
sich in Anspruch nahmen. Johannes der
Täufer bindet die Menschen nicht an
sich, sondern verweist sie auf das wahre Licht in Gestalt des gekreuzigten
Christus und seiner Erlösungstat. Allein
der Glaube daran macht nach reformatorischer Lehre den Menschen vor Gott
gerecht. So verbildlicht der Zeigegestus
des weisenden Täufers punktgenau Luthers Rechtfertigungslehre.

Luther wird auf der Predella des Reformationsaltars also bewusst in die Nachfolge Johannes des Täufers gestellt und erscheint auf diese Weise als Urtypus des

evangelischen Predigers, dessen vornehmste Aufgabe nach Luther darin besteht, „mit Johannes [d. T.] das Lamm Gottes aufzuzeigen, das die Sünden der Welt auf sich nimmt". Insofern liegt hier der seltene Fall eines Lutherbildes vor, das Luthers Selbstverständnis entspricht.

**3.1. Luther als Prediger**
*Lucas Cranach d. Ä. (Kronach 1472 – Weimar 1553)*
*Öl auf Holz, 1548*
*Stadtkirche Wittenberg (Predella des Reformationsaltars)*

**3.2. Martin Luther und Kurfürst Johann der Beständige beten vor dem Gekreuzigten**
*Lucas Cranach d. J. (Wittenberg 1515 – Weimar 1586)*
*Kolorierter Holzschnitt (Titelblatt des Neuen Testaments in Luthers deutscher Übersetzung,*
*letzte von Luther selbst betreute Bibelausgabe), 1546*
*Zentralarchiv der Ev. Kirche der Pfalz, Bibelsammlung*

Der alte Luther kniet betend zusammen mit seinem bereits 1532 verstorbenen und von ihm hochgeschätzten Landesherrn Johann von Sachsen vor dem Gekreuzigten. Mit dem einträchtigen Nebeneinander von Kurfürst und Theologen wird im Todesjahr Luthers das symbiotische Verhältnis der politischen und geistlichen Trägerschaft der Reformation als zeitloses Idealbild beschworen.

Als Kern- und Angelpunkt der neuen Lehre, deren Verbreitung auf der deutschen Bibel fußt, wird der Glaube an die Erlösungskraft des Kreuzestodes Christi herausgestellt. So steht das Kreuz im Bildzentrum, und der Glaube an den Gekreuzigten verbindet den weltlichen und den geistlichen Arm im Kampf für die gemeinsame Sache des Evangeliums.

Inmitten eines fürstlichen Repräsentationsraums haben sich elf Reformatoren anstelle der Jünger um Christus zum letzten Abendmahl versammelt. Als wichtigste Bezugsfiguren der Reformation in Anhalt nehmen Fürst Georg der Gottselige (gest. 1553) und Melanchthon die Ehrenplätze neben Christus ein. Zur Rechten Georgs schließen sich Luther, Johannes Bugenhagen, Justus Jonas und Caspar Cruciger an. Zeithintergrund des Bildes ist der heftige innerprotestantische Streit um die Abendmahlslehre. Die dargestellte Mahlgemeinschaft mit Christus demonstriert daher Einigkeit und untermauert die Rechtgläubigkeit der vorgestellten theologischen Position. Christus ist im Mahl leiblich anwesend (Realpräsenz), wie es Georgs Handkontakt und Luthers Fingerzeig veranschaulichen. Brot und Wein werden konsumiert und sind doch zugleich mit Leib und Blut Christi im Sakrament zugegen (Konsubstantiation). Judas, dem Jesus gerade den Bissen reicht, verbirgt hinter seinem Rücken den blutroten Beutel mit den dreißig Silberlingen und empfängt trotz seines Verrats das Abendmahl (manducatio impiorum). Um schädlichen Streit zu vermeiden, wird dem Betrachter die fromme Sanftmut des betenden Melanchthon und die demütige Haltung seines Tischnachbarn zur Linken, Johann Forster, anempfohlen. Zudem fordert ihn Justus Jonas durch Blick und selbstbezogene Geste zur Gewissensprüfung auf.

Lehr- und Bekenntniseinheit sollen ein regierbares Gemeinwesen garantieren. In Gestalt seiner verstorbenen und lebenden Mitglieder – im Vordergrund kontrastiert Joachim I. kniend als würdiger Kommunikant mit Judas – präsentiert das Haus Anhalt seine religiös und dynastisch wohlgegründete Herrschaftskontinuität, mit der es seiner Verantwortung vor Gott gerecht wird. Geistliches und Weltliches durchdringen sich im fürstlichen Schauplatz des Abendmahls, dem sakral-höfischen Zeremoniell, der Zwölfzahl der Jünger und der Kassetten der Decke sowie in der Mittelsäule des Saales hinter Christus. Sie macht den Erlöser zum tragenden Zentrum der politischen Herrschaft, die aus der Nähe zu Christus ihre Kraft bezieht: Rechts und links der Säule stehen die beiden regierenden Fürsten, Joachim Ernst und Bernhard, die Stifter des Bildes.

**3.3. Epitaph für Fürst Joachim von Anhalt († 1561) [früher: „Dessauer Abendmahl"]**
*Lucas Cranach d. J. (Wittenberg 1515 – Weimar 1586)*
*Öl auf Holz, 1565*
*Ursprünglich in der Schloss- und Stadtkirche St. Marien zu Dessau, seit 1992 in der*
*St. Johanniskirche zu Dessau-Roßlau*

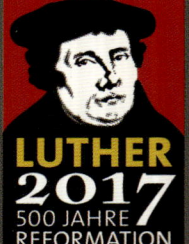

**LUTHER
2017**
500 JAHRE
REFORMATION

## Tafel 4: 17. Jahrhundert – Figur der Heilsgeschichte

In dem vom Dreißigjährigen Krieg geprägten 17. Jahrhundert entwickelt sich das Lutherbild in zwei Traditionssträngen weiter. Nach dem Muster der Flugschriften des 16. Jahrhunderts nutzen die protestantische wie die katholische Partei die Figur Luthers weiter zu Propagandazwecken (Abb. 4.3.). Daneben vergewissern sich die Anhänger des Reformators des rechten Weges, indem sie ihn als Begründer der evangelischen Sache herausstellen und sein Wirken in einen heilsgeschichtlichen Zusammenhang rücken (Abb. 4.1. und 4.2.).

Im Gegensatz zu den Flugschriften, die auf die Auseinandersetzungen des Tages zugeschnitten sind, wollen die heilsgeschichtlichen Bildnisse Orientierung und Zuversicht über den Tag hinaus vermitteln. Sie finden sich daher in sakralen Zusammenhängen, etwa in Kirchengebäuden, als Illustration von Bibeln oder theologischen Schriften. Luther erscheint als Kirchenvater und Fels der evangelischen Konfession, als Hort der Orthodoxie. Das seit 1601 verwendete Attribut des Schwans weist den Reformator als Propheten Christi aus und gewinnt für nahezu zweihundert Jahre wegweisende Kraft.

Der „treue Gottesheld", der mit der Bibel das Licht in die Welt zurückgebracht hat, wie es die Kartusche am unteren Bildrand verkündet, steht in respektheischender Opulenz und würdevollem Alter mit Talar und einer leicht geöffneten Bibel in Händen in einer getäfelten Studierstube. Schreibtisch, Bücher, Schreibutensilien, Stundenglas und gepolsterte Sitzbank vor einem Butzenscheibenfenster knüpfen an den Typus „Luther/Hieronymus im Gehäuse" (vgl. Abb. 2.3.) an und zeigen den Wittenberger Theologieprofessor in autoritativer Aura eines protestantischen Kirchenvaters. Unterstrichen wird dies durch das säulengetragene Bogenmotiv an der Rückwand des Raumes, das Luthers Kopf nischenartig einfasst und ebenso wie Stellung und Haltung von Körper, Füßen und Händen an das Porträt des jüngeren Cranach von 1575 erinnert (vgl. Abb. 12.1.). Der geraffte Vorhang in der rechten oberen Bildecke ist eine weitere sakrosankte Würdeformel.

Typisch für das 17. und 18. Jahrhundert ist der Luther beigegebene Schwan, der auf eine angebliche Äußerung des tschechischen Reformators Jan Hus von 1414 zurückgeht, ihm werde ein Schwan nachfolgen, den man nicht mehr werde töten können. Nachdem schon Luther diese Prophezeiung auf sich bezogen hatte, wurde der Schwan im konfessionellen Zeitalter vollends zum feststehenden Symbol des Reformators und seit 1601 auch bildlich verarbeitet. Doch markiert der Schwan mehr als die Nachfolge von Jan Hus.

Bereits in der Antike war der Schwan ein Symbol der Reinheit und des Lichts, das Spätmittelalter brachte ihn zudem mit Christus und verschiedenen Heiligen in Verbindung. Der Schwan bekehrt in der Legende viele Herzen durch seinen reinen Gesang des göttlichen Ruhmes. An Luthers Seite zeichnet das Tier den Reformator also als gottbegabte Lichtfigur aus, die die reine Lehre Christi verkündet. Dem

**4.1. Luther mit dem Schwan im Studierzimmer**
*Anonym*
*Kupferstich (Illustration zur Bibelausgabe des Johann*
*Vogt, Goslar 1620), um 1620*
*Bildarchiv der Stiftung Luthergedenkstätten in Sachsen-*
*Anhalt, Lutherhalle Wittenberg, Inv. 695 fl III*

Schwan korrespondiert auf der gegenüberliegenden Seite ein mächtiger, aufrecht
stehender Bibelfoliant. Er spiegelt bis in seine axiale Ausrichtung hinein die Pose
des Reformators und lässt ihn wie eine Verkörperung der göttlichen Lehre der
Schrift erscheinen. Indem Luther von Schwan und Bibelfoliant eingefasst wird,
steht er im Zentrum von Seele und Buchstaben des Wortes Gottes.
Das Bild wird von einem Schmuckrahmen in reicher Renaissanceornamentik umschlossen. Im Zentrum der Schmalseiten befindet sich jeweils eine Kartusche. Die
obere enthält die Lutherrose mit der Umschrift „Gottes Wort bleibt ewig" (nach
1 Petrus 1,25), die untere streicht in Versform die erleuchtete biblische Lehre als
Luthers zeitlose Lebensleistung heraus.

### 4.2. Luther mit dem Schwan und dem Engel
*Georg Friedrich List (Lebensdaten unbekannt)*
*Öl auf Leinwand, 1698*
*Ev. Kirchengemeinde Strümpfelbach, Baden-Württemberg*

Der Künstler setzte ein wahrscheinlich vom damaligen Ortspfarrer Georg Lorenz Schmidlin entwickeltes Bildprogramm um, das singulär zu sein scheint. Der Sinn der Allegorie ist freilich zeittypisch. Luther wird präsentiert als Vermittler der göttlichen Heilsbotschaft, Säule und Fels seiner Kirche in allen Stürmen zeitlicher Not und Bedrängnis.

Im Bildzentrum steht der alte Luther lächelnd und un-
angefochten mit geöffnetem Buch in der Linken, auf das
er mit der Rechten deutet, vor einem Landschaftssausblick unter hohem Himmel, den Gewitterwolken bedrohlich verfinstert haben. Am Ufer des sturmgepeitschten Meeres ist links die Silhouette einer
Stadt zu erkennen, während rechts auf einem Felsen ein Kirchenbau Wind
und Wellen trotzt. Über dem Reformator schwebt ein Engel, der mit der Linken einen Ring über eine Bibel hält, die er mit der Rechten umfasst hat. Luther
wird eingerahmt von einem singenden Schwan zu seiner Linken und einer Säule
zu seiner Rechten, auf der ein ovaler Ehrenschild mit Christusmonogramm mit vier
Lutherrosen befestigt ist. Engel, Schwan und Säule umgeben die Lutherfigur wie
eine Ehrenpforte.

Der Text auf dem Postament der Säule enthält den Schlüssel zur Deutung des Bild-
programms. Engel, Luther und Schwan werden hier angesprochen als eine „Schaar
die mild Fürbild und Gegenbild heiligt, als Christi Ehrenschild". Der Engel des
Herrn ist demnach das Zeichen der Heiligkeit sowohl der Bibel als auch der lutherschen Auslegung derselben. Dank Luther steht das im Himmel ewige Wort Gottes,
symbolisiert durch den vom Engel über die Bibel gehaltenen Ring, auch auf Erden
in allen Stürmen zeitlos fest und unerschütterlich da, wie es die selbstsichere Posi-
tur des Reformators und der Text des Postaments verheißen: „Lutherus steht; was
er gelehret, das bleibet ewiglich. Stoppeln und Heu verzehret das Feuer." Mittels
seines innigen Bezugs zum ewigen Wort Gottes kann das theologische Werk des
Reformators niemals untergehen. Denn es ist kein Menschenwerk, das jeden Augenblick umstürzen kann und über das die Zeit hinweggeht.

Die Opposition von „Fürbild und Gegenbild" meint aber nicht nur Heilige Schrift
und Lutherschriften. Christus selbst, der seit dem Spätmittelalter im singenden
Schwan verkörpert wird, findet in seinem Propheten Martin Luther, der nach ihm
das Wort Gottes „singt", eine neue Stimme. „Christi Ehrenschild" ist folgerichtig
mit vier Lutherrosen an der mächtigen Säule befestigt, die unbeschadet dem Sturm
der Zeitläufte widersteht, so wie die Kirche im Sturmmeer den Gezeiten trotzen
wird, da sie auf den neuen Petrusfelsen Luther gegründet ist.

Das aus dem Jubeljahr der Reformation 1617 hervorgegangene, am Vorabend des Dreißigjährigen Krieges gedruckte Flugblatt zeigt den Konflikt von Protestanten und Katholiken in der aufs äußerste zugespitzten Gestalt des endzeitlichen Kampfes mit dem päpstlichen Antichristen. Die Auseinandersetzung um die Kirche Gottes, die links am Rand ins Bild ragt, ist entschieden, der Jüngste Tag angebrochen. Luther verkörpert in seiner eschatologischen Rolle eines göttlichen Engels den endgültigen Sieg des Protestantismus über Papsttum und katholische Kirche. Das weit verbreitete Flugblatt sollte die Siegeszuversicht des evangelischen Lagers stärken.

Im schwarzen Talar des protestantischen Predigers fliegt der alte Luther als apokalyptischer Engel, der angesichts des Jüngsten Gerichts den Menschen aller Völker das Evangelium verkündet (Offenbarung 14,6f.), von links her ins Bildzentrum. Während er mit der Linken eine Posaune hält, trägt er in der Rechten Symbole des protestantischen Glaubens: Die brennende Kerze ist Zeichen des Lichts der Wahrheit in der Predigt Johannes des Täufers (Johannes 5,35), in dessen Nachfolge nach Luther der evangelische Prediger steht (vgl. Abb. 3.1.). Die aufgeschlagene Bibel mit dem Text „Suchet in der Schrift, denn sie zeugt von mir" (frei nach Johannes 5,39) repräsentiert dagegen das reformatorische Schriftprinzip.

Rechts unter Luther steht ein zweiter Engel, dessen Bildbedeutung nach Offenbarung 14,8 zu bestimmen ist, wo er ausruft: „Gefallen, gefallen ist das große Babylon, das alle Völker von dem Glutwein seiner Unzucht hat trinken lassen!". Er weist auf die katholischen Verkörperungen Babylons hin, den Ablassprediger Tetzel und dessen päpstlichen Herrn und Meister. Tetzel war gerade mit Ablassbriefen und Geldsäckel, die von einem von ihm geschulterten Papstkreuz herabhängen, auf dem Weg zum Bau der Kirche, um dort im papistischen Sinne zu wirken, und hält nun erschrocken inne. Denn der Papst, der vergeblich seinen Rosenkranz umklammert und die Rechte zu einer hilflos-abwehrenden Gebärde erhoben hat, droht mit seinem Thron umzustürzen. Verzweifelt mühen sich die Vertreter der Gegenreformation, Bettelmönche und Jesuiten, den päpstlichen Thron mit Forken und

Wunderwerck S. Martin Luthers.
Der Päpstlich Stuel will sincken.
Das ist:
Eine kurtze Abbildung auß der Weissagung desz heiligen Propheten
Danielis/wie ein Geschrey von Mitternacht/Nemlich/Doctor Luther den Papst zu Rom dermassen erschreckt/daß er
bey nahe von seinem Sessel gefallen/Und wie ihm seine Helffers Helffer/Jesuiter/vnd dergleichen Geschmeiß mit
Stützen vnd Stemmen zu Hülffe kommen/rc.

**4.3. Luther als apokalyptischer Engel**
*Anonym*
*Kupferstich (Illustration des Flugblatts „Wunderwerck D. Martin Luthers"), 1618*
*Kunstsammlungen der Veste Coburg, Inv. XIII, 323, 385a*

einer Säule zu stützen. Zu Füßen des Papstes liegt eine gewaltige Lichtputzschere, mit der er die „mit hellem Schein brennende Leuchte" (vgl. Johannes 5,35) der Reformation auszulöschen gehofft hatte. Schon erfasst der göttliche Windhauch, der aus Luthers Posaune dringt, die gottlose Schar der Papisten: „Doch der Wind wird sie alle davontragen, ein Hauch sie hinwegraffen" (Jesaja 57,13).

LUTHER
2017
500 JAHRE
REFORMATION

## Tafel 5: 18. Jahrhundert – Luther mit dem Schwan

Im Strom der bereits ein Jahrhundert zuvor einsetzenden Lutherverehrung erleben überzeitliche Bilder des Reformators eine Blütezeit und dürfen namentlich in keinem evangelischen Gotteshaus fehlen (Abb. 5.2. und 5.3.). Schließlich finden sie sogar Eingang in die Emporenmalerei (Abb. 5.1.). Durch den Rückbezug auf Luther, der über sein Bild im öffentlichen Raum anwesend ist, unternimmt es der Glaube, sich nach innen wie nach außen zu rechtfertigen. Die Reformation erscheint als Werk Gottes, Luther als Werkzeug des göttlichen Heilsplans.

Über einem Kanon von Bildelementen baut sich ein allgemein verständliches ikonographisches Programm auf. Feste, wiedererkennbare Bestandteile steuern und stabilisieren bewusst eine einheitliche evangelische Lutherrezeption. Besonders der Schwan, an dessen Seite der Reformator zu finden ist, gab den Gläubigen in der Epoche der lutherischen Orthodoxie und des Pietismus einen verlässlichen Ankerpunkt in allen Zeitläuften.

Auf der Emporenbrüstung der lutherischen Kirche zu Münchweiler wird Luther mit seinem Attribut, dem Schwan, in die Schar von Propheten und Aposteln eingereiht. Diese erscheinen auf einer Folge von kleineren Bildfeldern, die von den Seiten der Empore auf deren Mitte zulaufen, wo der Reformator im gewichtigeren Querformat auftritt. Luther steht im zur Glockenform gegürteten Talar vor einem ausladenden, tuchbedeckten Tisch, der seitlich von einem Bücherregal begrenzt wird, bei dem einige Bände liegend oder schrägstehend eingefügt sind und so auf ihren augenblicklichen Gebrauch hindeuten.

Auf dem Tisch sind beschriebene Einzelblätter zerstreut. Neben diesen ist ein Tintenfass abgestellt worden, in dem noch die Feder steckt. Sie erweckt im Verein mit den provisorisch eingeordneten Büchern den Eindruck, Luther habe soeben seine gelehrte Arbeit unterbrochen, um vor die Gemeinde hinzutreten. In der Tat hält seine Rechte ein Schreibheft, die Linke ist in der Geste des Lehrers erhoben. Das teigig modellierte Gesicht, das keine Ähnlichkeit mit dem geschichtlichen Lutherporträt anstrebt, blickt aus großen Augen den Betrachter freundlich und vertrauenserweckend an.

Der Künstler hat damit ganz im Stil seiner Zeit ein typisiertes Idealbild des Reformators geschaffen. Luther tritt uns nicht als Mensch des 16. Jahrhunderts gegenüber, der seiner Zeit verhaftet ist, sondern als Verkörperung evangelischer Lehre, die Ewigkeitswert beansprucht. Die Szene wird eingefasst von gerafften Vorhängen, die hier mehr sind als eine konventionelle Würdeformel. Als religiöses Symbol trennen sie das Heilige vom Profanen. Christi Opfertod öffnet den Gläubigen wie ein zurückgeschobener Vorhang den Zugang zum himmlischen Vater (vgl. Hebräer 10,20). In Analogie dazu erschließt Luther durch seine apostolisch begabte, heilsförderliche Lehre der Gemeinde dauerhaft den Weg zum Wort und Willen Gottes.

**5.1. Luther mit dem Schwan in der Gelehrtenstube**
*Georg Hermann Trübenbach (Lebensdaten unbekannt)*
*Öl auf Holz, 1768*
*Prot. Kirchengemeinde Münchweiler an der Alsenz (Donnersberg-Kreis), Rheinland-Pfalz*
*Bildnachweis: Zentralarchiv der Ev. Kirche der Pfalz Abt. 154 Nr. 3019*

**5.2. Luther mit dem Schwan**
*Anonym*
*Öl auf Leinwand, um 1750*
*Ev. Kirchengemeinde Strintz-Trinitatis (Hünstetten), Hessen*

Luther steht en face mit ideal-
bildhaften, dem historischen Porträt
entrückten Gesichtszügen und langem, vollem Haar auf einem Podest vor einem altarähnlichen
Aufbau, auf dem ein Foliant liegt. Er hält in der Rechten
ein geöffnetes Bibelbuch mit der Inschrift „V[erbum] D[omini]
M[anet] I[n] AE[ternum]", „Das Wort des Herrn bleibt in Ewigkeit"
(1 Petrus 1,25), auf das er mit der Linken deutet. Ihm zur Rechten, direkt
unter der Bibel, zeigt sich ein Schwan. Die lateinische Bildüberschrift tituliert
Luther als „gottbegnadeten Mann und neuen Elias". Denn der Prophet Elias
„hinterlässt nach seiner Himmelfahrt Kraft und Begabung", wie es der lateinische
Titulus der linken oberen Bildecke verkündet, wo die Szene dargestellt ist. Sche-
menhaft ist der feurige Wagen zu erahnen, auf dem Elias gen Himmel fährt. Elias
selbst lässt seinen blutroten Prophetenmantel hinabfallen, den Luther erhält als
Zeichen, dass Elias Geist auf den Reformator übergegangen ist.

Unter dem Mantel erscheint ein verkürztes Christuszitat. Jesus beauftragt einen
Jünger, den geblendeten Saulus wieder sehend zu machen: „Denn dieser Mann ist
mir ein auserwähltes Werkzeug, um meinen Namen vor Heiden und Könige und
die Kinder Israel zu tragen" (Apostelgeschichte 9,15; im Bild angegeben: 9,13).
Luther wird auf diese Weise zum neuen Paulus, der die Gabe des Heiligen Geistes
empfangen hat. Die Gottesmänner des Alten und Neuen Testaments haben in ihrer
heilsgeschichtlichen Rolle in Luther einen würdigen Nachfolger gefunden.

In der rechten oberen Bildecke ist das Lutherwappen zu erkennen, darunter die
versifizierte Erläuterung desselben: „Der Christen hertz auff Rosen geht wans mit-
ten unterm Creutze steht". Anders als sonst üblich, sind die Bestandteile des Wap-
pens – Kreuz, Herz und Rose – nicht ineinander, sondern untereinander gestellt. So
können sie den Verstext unmittelbar ins Bild übersetzen.

„Das Wort des Herrn bleibt in Ewigkeit", anders als das vergängliche Fleisch. Dieses
Motiv, das über Luthers Zeigegestus im Bildzentrum betont wird, nimmt der Text
zu seinen Füßen wieder auf. Die antikisierende Klage Melanchthons über den Tod
des einzigartigen Menschen Luther wird von diesem selbst relativiert. Des Christen
Ziel sei das ewiges Leben spendende Kreuz, nicht zeitlicher Ruhm.

Die Kanzelrückwand der Pfarrkirche zu Tiefenthal schmückt ein Luther-bild, das als solches nur am Schwan als Attribut des Reformators zu erkennen ist. Das entspannte, schlanke Gesicht mit den weichen Lippen und den schmalen Brauen, die mit dem Nasenrücken eine T-Form bilden, wird von glattem dunklem Haar streng umschlossen. Die übergroßen Augen wirken eigentümlich entrückt, wie auf einen weit entfernten Punkt gerichtet, und verleihen dem Kopf mit seinen ebenmäßigen, überirdisch milden und transzendenten Zügen visionäre Ausdrucks-kraft.

Ein Lichtschimmer, der den Kopf nimbusartig umgibt, verstärkt diesen ikonenhaf-ten Eindruck. Das Brustbild präsentiert mithin den Reformator wie einen protes-tantischen Heiligen, der vom Heiligen Geist inspiriert ist und das Evangelium rein verkündet. Indem der Pfarrer von Tiefenthal vor dieses Bild hintritt, um zu predi-gen, steht er in der Nachfolge des evangelischen Apostels Luther.

**5.3. Luther mit dem Schwan**
*Anonym*
*Öl auf Holz, um 1710*
*Prot. Kirchengemeinde Tiefenthal (Kreis Bad Dürkheim), Rheinland-Pfalz*
*Bildnachweis: Zentralarchiv der Ev. Kirche der Pfalz Abt. 154 Nr. 3021*

## Tafel 6: 18. Jahrhundert – Auflösung eines einheitlichen Lutherbildes

Ungeachtet der Fortführung der älteren Traditionslinie „Luther mit dem Schwan", fächert sich der anfangs noch relativ geschlossene Befund der Darstellungsformen im Laufe des 18. Jahrhunderts immer stärker auf.

Auf der einen Seite entdeckt die Volksfrömmigkeit „ihren" Luther und verehrt ihn wie einen evangelischen Heiligen (Abb. 6.2.). Andererseits feiert die Aufklärung den Reformator als Geisteshelden, der in Gottes Auftrag die Menschen von römischer Knechtschaft und geistlichem Despotismus jeder Art befreit habe (Abb. 6.1.). Mit scharfer Kritik stemmt sich der Pietismus gegen jegliche Abgötterei um die Gestalt Luthers, kann aber die Entwicklung nicht aufhalten. Vielfältige geistesgeschichtliche Impulse vereinigen sich zu einem Fundament, auf dem das „Denkmal Luther" aufgerichtet wird (Abb. 6.3.). Parallel dazu nimmt die Säkularisierung und Nationalisierung des Lutherbilds an Fahrt auf.

In Erinnerung an das 200-jährige Jubiläum des Thesenanschlags – das Jahr 1717 verbirgt sich als Chronogramm in den ungewöhnlichen Großbuchstaben der Tituli – wird auf vielschichtige allegorische Weise Luthers Lehre als Sieg des Lichtes, Luther selbst als Lichtbringer gefeiert. Seine geistbegabte Leistung erhebt die evangelische Kirche zur wahren Kirche Gottes, die trotz aller Drangsale und Gefahren ihres Heils gewiss sein kann und der als Lohn das Himmlische Jerusalem winkt.

Inmitten einer allegorischen Landschaft steht der Reformator im Talar auf einer Anhöhe und erhebt im Zeigegestus beide Arme. Die linke Hand deutet zum Himmel, wo die flammenstrahlende Taube des Heiligen Geistes mit dem geöffneten „ewigen Evangelium" herniederschwebt. Das Feuer des göttlichen Wortes (vgl. Jeremia 23,29) entzündet einen Leuchter, auf den Luthers Rechte hinweist. Dieses „Licht vom Licht" ist, wie es das Schriftband hinter der Linken des Reformators verkündet, zu den Menschen gelangt „durch Lutheri lautere Reformation". Mit seinem himmelwärts gerichteten, verzückten Blick und den Zeigegesten verbindet die zeitlos gestaltete Lutherfigur himmlisches und irdisches Licht. Der Leuchter ruht auf einem dreigliedrigen Unterbau von rundem Altartisch mit der Inschrift „Diß Evangelium erleuchtet", umgestürztem Holzbottich (Scheffel) und Bibel. Das nunmehr in Luthers Lehre entflammte Licht des göttlichen Wortes wird nicht mehr unter den Scheffel gestellt, sondern thront auf diesem (vgl. Matthäus 5,15).

### 6.1. Luther als Lichtbringer
*Anonym*
*Radierung (Illustration des Flugblattes „Anderes Luther'sches Iubilaeum"), 1717*
*Kunstsammlungen der Veste Coburg, Inv. XIII, 305, 16c*

Erhellt durch dieses Licht, lebt die sich auf das reine Evangelium gründende Kirche in sicherer Gemeinschaft mit Gott. Am linken Bildrand ist auf einem Felsen in der Meeresbrandung ein Kirchenbau zu erkennen, der den Stürmen der Zeit trotzt. Am Portal erwartet Christus mit der Siegesfahne die Seinen. Über ihn führt der Weg zum Vater und zum ewigen Leben. Taufe und Kreuzesopfer, Wasser und Blut werden den Gläubigen zum Tor in die Stadt Gottes. Darauf spielt die Inschrifttafel über der Christusfigur an (vgl. 1 Johannes 5,6). Glaube und Liebe begleiten als allegorische Nischenfiguren mit ihren Attributen Kreuz und Kelch bzw. Kindern den Sohn Gottes und verbreitern das Fundament der wahren Gemeinschaft mit Gott, der im Zeichen des Dreiecks im Giebel des Tempels erstrahlt. Die Inschrift auf dem Architrav beschwört frei nach dem 46. Psalm die Glaubenszuversicht des Gottesvolks in Anspielung auf das Lutherlied „Ein feste Burg ist unser Gott".

**6.2. Die Luthereffigie in Halle**
*Christian Gottlob Liebe (Zschopau 1696 – Halle/Saale 1753) nach einer Zeichnung*
*von Johann Anton Rüdiger (um 1700 – um 1750, tätig in Halle/Saale)*
*Kupferstich, 1736*
*Staatsbibliothek Berlin, Porträtsammlung, Sammlung Luther, A IIIb 13b*

Der Reformator sitzt auf einem thronartigen Stuhl vor einem Fenster an einem Tisch, angetan mit Schaube und Barett, und hält in der Rechten eine Feder über einem aufgeschlagenen Schreibheft. Die Linke liegt auf einem zusammengeknüllten Tuch, hinter dem eine geschlossene Bibel aufrecht auf dem Tisch steht. Davor befinden sich zwei weitere Schreibutensilien, Tintenfass und Streusanddose.

Luther blickt wie in Gedanken versunken auf, um im nächsten Augenblick seinen Einfall zu Papier zu bringen. Die Bildunterschrift verkündet: „So sahe Luther aus, der theure Gottes-Mann". Dass hier der Anspruch auf ein authentisches Lutherbild erhoben wird, geht aus dem Schriftfeld in der linken oberen Bildecke hervor. In der Marienbibliothek zu Halle waren um 1663 Wachsabgüsse von Gesicht und Händen des Reformators, die man ihm nach seinem Tode abgenommen hatte, mit angeklebtem Haar und Glasaugen verlebendigt und zu einer lebensgroßen Ganzfigur ergänzt worden, wie sie der Kupferstich von 1736 überliefert.

Die Luthereffigie, so genannt entsprechend dem lateinischen Wort für die lebensechte Nachbildung Verstorbener nach römisch-antikem Brauch, zählte im 18. und 19. Jahrhundert zu den Sehenswürdigkeiten der Stadt Halle. Sie ist Ausdruck barocker Frömmigkeit, die es schätzte, Personen und Szenen der Heilsgeschichte durch lebensgroße Figurenarrangements so täuschend echt vor Augen geführt zu bekommen, dass der Betrachter unmittelbarer Zeuge des Lebens Jesu oder der Heiligen werden und es in Herz und Sinne aufnehmen konnte. Enthielten diese Figuren Reliquien des dargestellten Heiligen, ließ sich die erwünschte Wirkung auf das fromme Gemüt noch steigern. Vor diesem Zeithintergrund lässt die Lutherfigur von Halle den toten Reformator, dessen Wachsreliquien eingearbeitet sind, wie einen protestantischen Heiligen wiederauferstehen und für die Ewigkeit als gottbegnadeten Schriftgelehrten posieren.

Auf spätere Betrachter wirkte die Effigie freilich eher schauerlich. 1924 verbrachte man sie aus der Bibliothek in einen Seitenraum der Marktkirche zu Halle. Seit den 1930er Jahren wurde sie nicht mehr öffentlich gezeigt. Schließlich – der Vorgang ist zeitlich nicht genauer einzugrenzen – zerlegte man sie. Erhalten haben sich bis heute ihre wächsernen Ausgangsmaterialien, Kopf und Hände.

Die konisch zulaufende, wie ein Porträt gehaltene Lutherbüste auf vier-eckigem gekehlten Sockel steht ihrerseits auf einem quadratischen, gekehl-ten Postament mit nüchterner Inschrifttafel. Die sachlich-ernsten, gespannten Gesichtszüge und die lockige Haarpracht des im mittleren Alter Dargestellten erstreben keine Ähnlichkeit mit dem historischen Luther und sind von derselben schmucklosen klassizistischen Strenge, in der der ganze Kupferstich gehalten ist. Nur der Talar lässt den protestantischen Prediger erkennen, nur die Inschrift den Wittenberger Reformator.

Luther steht als kühler Idealtypus des evangelischen Theologen in Form einer Büste auf einem Sockel, wie man sie in Bibliotheken dieser Zeit von berühmten Weisen und Geistesgrößen der Vergangenheit findet. Indem der Akzent auf den geistigen Leistungen des Fachgelehrten liegt, erstarrt Luther zu einem seiner eigenen Zeit enthobenen Denkmal protestantischer Theologie.

**MARTEN LUTHER,**
Doctor der H. Gotgeleertheit.

**6.3. Luther als Porträtbüste**
Anonym (niederländisch)
Kupferstich, um 1800
Porträtantiquariat Diepenbroik, Osnabrück

## Tafel 7: 19. Jahrhundert – Bürger und mythische Lichtgestalt

Das 300. Jubiläum der Reformation 1817 stellt nicht nur entscheidende Weichen für die Union der protestantischen Konfessionen, sondern auch für die Lutherinterpretation der folgenden Jahrzehnte. Erneut und ganz besonders jetzt erweist sich die Figur Luthers als erstaunlich wandlungsfähig. In Abhängigkeit von Blickwinkel und politisch-sozialer Ausrichtung der Zeitgenossen tritt er bald als Freiheitsheld (Abb. 7.2.), bald als pflichtbewusster Hausvater (Abb. 7.1.) oder vorbildlicher Untertan auf.

Ein neues Geschichtsverständnis löst sich allmählich vom überzeitlichen Darstellungsanspruch früherer Zeiten. Stattdessen erkennt man in Luther den Bürger und holt ihn in die Gegenwart. Zugleich entrückt der Reformator in eine ferne Vergangenheit, in der sich um seine Person Mythen und Legenden ranken (Abb.7.3.). Dank preiswerter Massendrucke erfreuen sich Bildfolgen aus Luthers Leben seit etwa 1800 wachsender Popularität. Nicht nur im deutschen Befreiungskampf gegen Napoleon kommt es zum Brückenschlag zwischen aktueller Politik und Reformationszeit. In historisierender Selbstbespiegelung erklärt Heinrich Heine das Lied „Ein feste Burg" zur „Marseillaise der Reformation", während Karl Marx Luther in der ersten „bürgerlichen Revolution" verortet.

Im Stil eines bürgerlichen Genrebilds der populären Bilderbögen tritt Luther als biederer Hausvater und evangelischer Pfarrer in Erscheinung, der zur Projektions- und Legitimationsfigur bürgerlicher Idealvorstellungen von Ehe und Familie geworden ist.

In einem warm und behaglich gehaltenen Interieur, das Zeitgenossen unschwer als die historische Wittenberger Lutherstube erkannten, haben sich um den Hausherrn und Vater Luther, der im Talar an einem zweimanualigen kleinen Cembalo Platz genommen hat, Kinder und Frau zur Hausmusik versammelt. Anscheinend hat gerade ein Dritter das Zimmer betreten und die Familie bei ihrer Hausmusik gestört, denn Luther hält in seinem Spiel jählings inne und blickt den Betrachter der Szene leicht indigniert und prüfend an, der sich so selbst als der Eindringling fühlen muss. Dieser Kunstgriff lässt die biedermeierliche Intimität der Szene noch stärker empfinden. Die anderen Familienmitglieder haben den Störenfried noch nicht entdeckt. Denn ihre einzige Aufmerksamkeit gilt den Notenblättern. Der große Schlüsselbund der „Lutherin", die hinter ihrem Mann steht und sich zu ihm vor- und an dessen Stuhl anlehnt, sowie das hinter ihr lagernde Hündchen betonen ihre bürgerliche Rolle: Gebundenheit an das Haus und treue Anhänglichkeit zum Herrn und Gatten. Auch Luthers Kinder spiegeln in ihrer Positionierung bürgerliche Wertvorstellungen. Die Jungen gruppieren sich auf der Vorzugsseite, der Rechten des Vaters, die zwei Mädchen zu seiner Linken.

Luthers Leben.

So lebte Luther im häuslichen Kreise mit seiner Familie, in diesem Zimmer, das heutiges Tags noch in Wittenberg vorhanden, und hier, der Wirklichkeit treu nach-
gebildet, zu sehen ist. Die edle Musica schätzte Luther ungemein hoch, und er leitete seine Kinder schon früh zu ihr, denn er hielt die Tonkunst für die Mutter vieler
Tugenden. Hier singt er, mit seiner ehrbaren Hausfrau und seinen lieben Kindlein:
Das Wort sie sollen lassen stahn, und kein Dank dazu haben u. s. w.

Nürnberg bei Friedrich Campe.

## 7.1. Luther im Kreise seiner Familie

*Peter Carl Geißler (Leipzig 1802 – Nürnberg 1872)*
*Kolorierte Radierung (7. Blatt aus dem achtteiligen Lutherzyklus), um 1825*
*Germanisches Nationalmuseum Nürnberg, Inv. H.B. 25770,7; Kapsel 1249a*

Folgt man dem Untertext des Bildes, wird von Familie Luther gerade die vierte Strophe von „Ein feste Burg ist unser Gott" zu Gehör gebracht. Diese endet mit den Zeilen: „Nehmen sie den Leib,/ Gut, Ehr, Kind und Weib,/ laß fahren dahin,/ sie habens kein Gewinn, /das Reich muß uns doch bleiben." Die darin zum Ausdruck kommende Unbedingtheit des lutherschen Glaubens wird in Geißlers gestellter Familienszene zur pathetischen Phrase trivialisiert.

Die Wittenberger Lutherstube wird mit kassetierter Holzdecke, Paneelwänden und Butzenscheibenfenstern, Kastensitz der Hausfrau am Fenster, Kachelofen und Kiefertisch so gezeigt, wie sie, vor allem seit 1817, Reisenden auf den authentischen Spuren des Reformators vertraut war. Die Lutherstube wurde zum ehrfurchtsvoll aufgesuchten Wallfahrtsort, Einrichtungsgegenstände gewannen gleichsam Reliquiencharakter.

In den Jahren der ersten Entwürfe für ein Lutherdenkmal setzt Hummel dem Reformator sein Denkmal. Er lässt ihn als Heiligen auftreten, der wie ein antiker Heros für die Freiheit, freilich des Glaubens, gekämpft hat und dafür himmlischen Lohn empfängt. Die antike Gewandung der Darstellung beansprucht für seine Leistung dieselbe zeitlose Gültigkeit, wie sie nach damaligem Verständnis der Antike zukommt. Zugleich wird durch die Einbeziehung der Szenen aus Luthers Leben im Bildrahmen das Individuum in seiner Einmaligkeit aufgefasst und historische Größe aus zeitgebundenen Faktoren erklärt. Dennoch bleiben die überzeitlichen Züge des Lutherbildes deutlich erkennbar. Die Eckfelder des Rahmens mit ihren Sinnbildern des Alten und Neuen Testaments ordnen Luthers Leben in die Heilsgeschichte ein, und der triumphbogenartige Abschluss der Szene deutet mit Lamm und Evangelistensymbolen die Apotheose Luthers als Triumph des Evangeliums.

Über der Erde, „in den Regionen des Lichts", wie es das zugehörige Textblatt Hummels formuliert, steht Luther im Talar auf einem Wolkenfeld und blickt, geziert von einem Heiligenschein, die Hände betend erhoben, verzückt gen Himmel. Allegorische Frauengestalten umgeben den Reformator. Die Dreiergruppe hinter ihm legitimiert seine Aufnahme in den Himmel. Die von Luther erstrittene religiöse Freiheit, die als sein Hauptverdienst in der Mitte steht, trägt einen Kreuzstab mit phrygischer Mütze, Symbol der Befreiung des Glaubens aus Knechtschaft und Tyrannei. Zwei „Genien" mit Büchern in Händen – nach Hummel Lutherbibel und Katechismus – begleiten sie. Während auf einem Wolkenbogen ein Engelskonzert Hummel zufolge „Ein feste Burg ist unser Gott" intoniert, empfängt die Allegorie der Gnade den „standhaften Religionshelden" und bietet ihm die Siegespalme dar. Ihr folgen die theologischen Tugenden Glaube, Liebe und Hoffnung.

Deren Attribute – Kirche auf einem Felsen, Kelch bzw. Blütenzweig – sind so gewählt, dass sie im Verein mit der Gestalt der Gnade den Kern des lutherschen Glaubens versinnbildlichen. Der unerschütterliche Glaube (Felsenkirche) an die Liebe Gottes, der den Kelch des Kreuzesopfers seines Sohnes in seiner erlösenden Kraft im Wein des Abendmahls vermittelt, lässt auf ein Leben im Jenseits hoffen (Blütenzweig). Aber allein die Gnade macht den Sünder vor Gott gerecht und lässt ihn ins Paradies einziehen (Palmzweig).

**7.2. Apotheose Luthers**
*Johann Erdmann Hummel (Kassel 1769 – Berlin 1852)*
*Radierung und Kupferstich (1. Blatt aus der zwölfteiligen Folge*
*„D. Martin Luthers Verherrlichung"), 1806*
*Kunstsammlungen der Veste Coburg, Inv. VI, 510,2 Neg.12716*

**7.3. Luther unter den Pestkranken**
*Anonym*
*Holzschnitt (aus: Theodor Fliedner (Hg.), Kurzes evangelisches Märtyrer-Buch für alle Tage des Jahrs, Kaiserswerth am Rhein 1864, S.170), um 1864*
*Fachbereichsbibliothek Kulturgeschichte und Kulturkunde der Universität Hamburg – Sondersammlung Deutsches Bibelarchiv, DBA-Pd17*

Im Halbdunkel einer gruftartigen romanischen Halle lagern auf Strohsäcken die erbarmungswürdigen Gestalten pestkranker Männer, Frauen und Kinder. Während zwei vermummte Helfer einen Leichnam davontragen und auch eine Dreiergruppe im Vordergrund schon jeden Lebensfunken verloren zu haben scheint, spielen sich am Bildrand erschütternde Szenen ab. Links beugt sich ein Kleinkind verzweifelt weinend über den regungslosen Körper der Mutter, rechts stiert ein Mann mittleren Alters mit verkrampften Fingern und zum Schrei geöffneten Mund auf ein für den Betrachter unsichtbares Schreckgespenst seiner Fieberphantasien. Demgegenüber findet eine zur Bildmitte orientierte Dreiergruppe von Kranken zu gemäßigten, ruhigeren Gebärden. Ihre Aufmerksamkeit richtet sich auf die im Bildzentrum postierte stattliche Heilsgestalt Luthers.

Ohne jedes Anzeichen von Entsetzen oder Angst vor Ansteckung richtet der Reformator, einen Abendmahlskelch in der Rechten, mit verklärtem, fast süßlichem Mienenspiel seinen Blick wie zu einer göttlichen Vision empor. Tatsächlich erinnert seine pathetisch erhobene Linke an die antike Gebetshaltung, in der der Wunsch, himmlische Gaben zu empfangen, sichtbaren Ausdruck erlangte. Im Kontrast dazu senkt der hinter Luther stehende Melanchthon demütig den Blick. Die grazile Stellung der Finger, mit denen er den Teller mit den kostbaren Abendmahlsbroten hält, verstärkt den ehrfürchtigen Eindruck seiner Figur, die Zeuge einer heiligen Handlung wird.

Die vom Tod gezeichneten Kranken empfangen das letzte Abendmahl, dessen Heilskraft ihren gläubigen Seelen den inneren Frieden geben soll. Der Schrecken der pseudohistorischen Szene wird überwunden durch die unumstößliche Sicherheit ausstrahlende Erlöserfigur Luthers, die nicht von dieser Welt zu sein scheint. Auf ihn, den Vermittler göttlichen Heils auf Erden, richten sich die Hoffnungen der Kranken. Der Holzschnitt spiegelt die volkstümliche Luthertradition, die den Reformator zum heiligen Wundermann Gottes glorifizierte und den Stoff zu vielen Legenden lieferte.

## Tafel 8: 19. Jahrhundert – Trutziger Nationalheld

Dem Wechselspiel der politischen Entwicklung folgend, stilisiert man Luther in Deutschland während des gesamten 19. Jahrhunderts zum Nationalhelden. In zahlreichen Lutherdenkmälern und in der Historienmalerei (Abb. 8.1.) bricht sich die nationalpolitische Umdeutung der Reformationsereignisse Bahn. Luthers Person und seine Lehre rücken immer weiter auseinander. Mühelos zieht die schöpferische Phantasie des Zeitalters Verbindungslinien zwischen Luther und Bismarck, Wittenberg 1517 und dem Sieg über Frankreich bei Sedan 1870. Anlässlich der Feierlichkeiten zum 400. Geburtstag des Reformators 1883 erreicht die nationalistische Vereinnahmung Luthers als des „ewigen Deutschen" einen vorläufigen Höhepunkt.

Stilbildend für die trutzige Pose des Nationalhelden wirkt vor allem das Lutherdenkmal Ernst Rietschels in Worms. Mit Hilfe der Reproduktionsgraphik erreicht es breite Bevölkerungsschichten (Abb. 8.2.). Als Wandschmuck, als Motiv auf Tellern und Tassen oder als Zimmerdenkmal mit eingebauter Spieluhr steht Rietschels Entwurf vielen tagtäglich vor Augen.

Keine Szene aus Luthers Leben ist von der Historienmalerei des 19. Jahrhunderts häufiger dargestellt worden als der Auftritt des Wittenbergers vor dem Reichstag von Worms 1521. Hier ließ sich das heroisierte und nationalisierte Bild Luthers, der den katholischen transnationalen Kräften von Kaiser und Papsttum um der Freiheit des Glaubens willen die Stirn bietet, am überzeugendsten in Szene setzen. Durch Anton von Werner, Kunstpapst und Hofmaler des protestantischen deutschen Kaiserreichs, erhielt das beliebte Motiv gleichsam seine offizielle Fassung. Vor dem Hintergrund des Krieges Preußens gegen das katholische Kaiserreich der Habsburger 1866 und der Auseinandersetzung des Bismarckreiches mit Rom im Kulturkampf seit 1871 gewann das Thema unmittelbare Aktualität.

Nach dem Kirchenbann über Luther sollte dieser vor Verhängung der Reichsacht noch einmal in Worms verhört werden. Unter Berufung auf Bibel und Gewissen widersetzte sich Luther am 18. April 1521 der Forderung, seine Schriften und die darin enthaltenen „Irrtümer" zu widerrufen. Seine berühmten Schlussworte, „Hier stehe ich, ich kann nicht anders, Gott helfe mir, Amen!", die Werner als Spruchband unter das Kieler Wandbild setzte, sind nicht verbürgt, wurden aber schon Anfang Mai 1521 in dieser erweiterten, trutzig-entschlossenen Version im Druck verbreitet und in das kollektive Gedächtnis des deutschen Protestantismus aufgenommen.

Im großen Saal der Bischofspfalz zu Worms, der durch ein Bleiglasfenster, das in der Mitte der Doppeladler ziert, Licht erhält, sind eine Vielzahl von Reichsständen, Anhänger und Widersacher Luthers, in Hufeisenform um die Raummitte gruppiert.

**8.1. Luther vor dem Reichstag in Worms**
*Anton von Werner (Frankfurt/Oder 1843 – Berlin 1915)*
*Öl auf Leinwand (Replik des kriegszerstörten Wandbildes in der*
*Kieler Gelehrtenschule von 1870), 1877*
*Staatsgalerie Stuttgart, Inv. 876 Wv. 1877-11*

Ihre Aufmerksamkeit richtet sich auf den Mönch Luther, der, einen Fuß mit Bestimmtheit vorgesetzt, vor den Stufen des kaiserlichen Thrones steht. Während seine Rechte beteuernd an die Brust gelegt ist, weist die Linke auf eine Anzahl Bücher, die auf dem Tisch des protokollierenden Schreibers aufgebaut sind. Luther fasst den Kaiser unerschrocken ins Auge, indem er seine Schlussworte spricht. Karl V. beugt sich unter seinem Baldachin vor und belauert den „Ketzer" mit beherrschtem Unmut. Die Hand des angewinkelten rechten Arms umfasst die Stuhllehne, als stehe der Kaiser kurz davor, empört aufzuspringen. Rechts von Karl V. ragt die Gestalt des päpstlichen Nuntius Aleander empor. Schon seine Gestik verrät ihn als den eigentlichen Gegenspieler Luthers, indem sie zerrspiegelartig die luthersche Pose wiederholt. Von ihrer ganzen Wucht getroffen, weicht Aleander zurück. Die Linke legt sich abwehrend vor die Brust, die Rechte sucht Halt an der Rückwand.

**8.2. Gedenkblatt zum 400-jährigen Geburtstag Luthers 1883**
*Anonym*
*Kupferstich (Titelblatt der Luther-Sondernummer der Leipziger „Illustrirten Zeitung"), 1883*
*Bibliothek des Zentralarchivs der Ev. Kirche der Pfalz, K 1030*

Unter einem goti-
sierenden Baldachin steht
auf einem Konsolstein die Gestalt des
älteren Luther im Talar, wie sie durch das zur
protestantischen Pilgerstätte aufgestiegene Wormser Lutherdenkmal Ernst Rietschels von 1868 im Bewusstsein der Zeit verankert war. Den rechten Fuß entschlossen vor-
gestellt, legt er in einem kämpferischen Gestus unbeirrbarer Treue
zum göttlichen Wort die zur Faust geschlossene Rechte auf die Bibel.
Sein Mienenspiel verbindet trutzige Festigkeit mit visionärer Himmelsschau.
Die nimbusartig um sein Haupt gelegte Maßwerkform mit ihren Stäben in Gestalt eines umgekehrten Gabelkreuzes unterstreicht diese sakrale Note. Dem Reformator zu Füßen liegen Feder und Tintenfass auf einem geöffneten Buch, eine
Anspielung auf Luthers permanente Weiterarbeit an seiner Bibelübersetzung. Darunter sind ein „biblischer" Palm- und ein „deutscher" Eichenlaubzweig gekreuzt
und versinnbildlichen glorifizierend Luthers deutsche Bibel.

Der rundbogenförmige Sockel des Baldachins zitiert in den Zwickeln den bei Luther
zum Nimbus umfunktionierten Dreipass – Symbol der Kirche – mit den Stäben, die
diesmal jedoch ein aufrechtes Gabelkreuz bilden, das auf Christus bezogen werden
kann: Christus als Eckstein der sich auf Luther berufenden Kirche. Den Baldachin
beschließt ein Spitzbogen, über dem ein Stern erstrahlt – ein Symbol Luthers, der die
Nacht des Glaubens mit dem Licht seiner Lehre erleuchtet hat, zugleich ein Symbol
seiner Geburt, die an den hellen Stern von Bethlehem erinnert.

Zu den Seiten der Fialen legen sich Akanthusranken mit sprießendem Blattwerk
um ovale Medaillons von Luthers Eltern nach Cranach d. Ä. sowie von Geburts- und
Sterbehaus des Reformators. Im Akanthus, der seit der Antike auf Unsterblichkeit
verweist, wird das ewige Fortleben des Werks der historischen Figur Luthers verkündet. Die Akanthusranken wachsen aus zwei Löwenköpfen hervor, die im Maul
jeweils einen Ring mit zwei Kettengliedern tragen und die Symbolik von Geburt,
Tod und Ewigkeit aufnehmen. Während Augen und Maul des Löwen auf der Ge-
burtsseite geöffnet sind, bleiben sie beim Löwen der Todesseite geschlossen. Die
Auferstehung und neues Leben verheißenden Löwen tragen den Ring der Ewigkeit, der die Kette der Zeit gesprengt und überwunden hat.

Die Medaillons finden unter dem Sockel des Baldachins eine Ergänzung in zwei An-
sichten von Lutherstätten, die Bibelübersetzung (Wartburg) und 95 Thesen (Schlosskirche zu Wittenberg) repräsentieren.

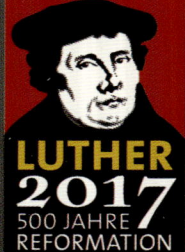

LUTHER
2017
500 JAHRE
REFORMATION

## Tafel 9: 19. Jahrhundert – Festlegung der Rollen

Neben dem Nationalhelden, dem Prediger und dem Familienvater bilden sich durch Historienmalerei und Denkmalgestaltung weitere Rollenklischees heraus, die das Lutherbild zum Teil bis heute bestimmen. Häufig sind sie mit besonderen Szenen aus dem Leben des Reformators verknüpft und führen als solche ein zähes Eigenleben im kollektiven Gedächtnis.

Der einflussreiche Historiker Heinrich von Treitschke wollte 1883 in dem Reformator die Verkörperung des deutschen Volksgeistes erkennen. Damit erteilte er Bestrebungen nationaler Kreise seinen Segen, das „Denkmal Luther" zur Identifikationsfigur des Deutschen schlechthin zu erheben (Abb. 9.1.). Luthers vielschichtiges Werk tritt in eine neue Phase der Säkularisierung ein. Sein Wirken verengt sich in der Wahrnehmung der Zeit auf eine kulturelle Leistung, die Bibelübersetzung (Abb. 9.3.). Statt das Feuerwerk der Impulse zur Kenntnis zu nehmen, das die Reformation in Europa entfachte, deutet man sie eingleisig zur „vaterländischen Sendung" um. Sichtbaren Ausdruck findet das Lutherbild um 1900 in der Speyerer Gedächtniskirche (Abb. 9.2.). Kritische Stimmen konnten sich in der mächtigen Woge des nationalen Hochgefühls kaum Gehör verschaffen.

Ein beliebtes Motiv der Luthermalerei des 19. Jahrhunderts war die Verbrennung der Bannandrohungsbulle, da darin das kämpferische und antirömische, mithin deutsche Element Luthers besonders deutlich hervortrat. Lessings erster Entwurf zu seinem späteren Gemälde stammt vom Juli 1848, als liberale Freiheitsidee und nationale Einheit in greifbare Nähe gerückt waren. Das Thema des Entwurfs gewann dadurch hohe Aktualität, zumal Luther schon seit 1817 gerade mit seiner Verbrennung der Bannandrohungsbulle als Kämpfer für die Freiheit des Geistes und des Vaterlandes in Anspruch genommen wurde.

In Umkehrung des Befehls der päpstlichen Bulle vom 15. Juni 1520, Luthers Schriften den Flammen zu übergeben, verbrannte der „ketzerische" Mönch genau nach Ablauf der Widerrufsfrist am 10. Dezember 1520 in Gegenwart von Kollegen und Studenten der Universität Wittenberg auf dem Schindanger der Stadt einige Bände des kanonischen Rechts, Schriften seiner Gegner und einen Plakatdruck der Bulle und besiegelte so demonstrativ seinen radikalen Bruch mit den Feinden des Evangeliums, dem „häretischen" Rom und dem ganzen Rechtssystem, auf dem es gründete.

Vor der winterlich verschneiten mittelalterlichen Stadtsilhouette von Nürnberg – diese war imposanter als die von Wittenberg und erhielt daher vom Künstler den Vorzug – umringt eine Menschenmenge einen brennenden Scheiterhaufen aus Holzscheiten und Büchern. Alle Anwesenden verfolgen gebannt die soeben eingeleitete revolutionäre Handlung Luthers. Angetan mit Doktorhut und Mönchskutte, ist er an den Scheiterhaufen herangetreten und hält ein Buch in der Rechten und die päpstliche Bulle in der Linken theatralisch mit ausgestreckten Armen über

**9.1. Luther verbrennt die päpstliche Bannandrohungsbulle**
*Carl Friedrich Lessing (Breslau 1808 – Karlsruhe 1880)*
*Tuschzeichnung (zweiter Entwurf zum Gemälde von 1853), 1851*
*Verbleib unbekannt (aus: Julius von Pflugk-Harttung (Hg.), Im Morgenrot der Reformation –*
*Jubiläumsausgabe zur 400jährigen Wiederkehr der Reformation, Stuttgart 1928, S. 425)*
*Zentralarchiv der Ev. Kirche der Pfalz Abt. 173 Nr. 3032*

das Feuer. Sein Blick richtet sich mit Entschiedenheit, aber auch einer gewissen Nachdenklichkeit, die sich der Bedeutung des Augenblicks bewusst wird, auf die Flammen. Schon liegen Luthers tradierte Worte in der Luft: „Weil du die Wahrheit Gottes verderbt hast, verderbe dich heute der Herr. Hinein damit ins Feuer!" Die Reaktionen der Umstehenden wechseln von Erstaunen über Neugierde bis hin zum zustimmenden Lächeln des älteren Cranach unterhalb der Burgansicht, zu dem die neben ihm entsetzt vorgereckte Hand auffallend kontrastiert.

In der Mitte der Gedächtnishalle, vor dem Haupteingang und unter dem weithin sichtbaren Turm der Protestationskirche steht auf einem hohen Sockel aus schwedischem Granit die Bronzestatue Luthers, die von sechs Bronzestatuen der Fürsten, die auf dem Speyerer Reichstag 1529 die Protestation unterzeichneten, in den Ecken der Halle umgeben wird. Die Sechszahl, die im Grundriss von Halle und Turm, aber auch in der Form des Sockels der Lutherstatue wiederkehrt, ist zum Zeichen des Protestes geworden und setzt die Einzelelemente zueinander in Beziehung.

Luthers Statue selbst erscheint wie eine Verkörperung des Geistes der Protestation. Die Lippen fest aufeinandergepresst, strebt der Blick trutzig empor. Die rechte Hand ballt sich zur Faust, während die Linke die geöffnete Bibel sicher umschließt. In breitem Standmotiv baut sich der mächtige Körper vor dem Betrachter auf und zertritt mit dem rechten Fuß die päpstliche Bannandrohungsbulle. Um den Sockel, dessen Material von der unbeugsamen Härte des Mannes kündet, den er trägt, legt sich im Halbkreis auf dem Marmorfußboden ein Schriftzug: „Hier stehe ich, ich kann nicht anders, Gott helfe mir. Amen!" Luthers berühmte Schlussworte vom Wormser Reichstag 1521, in denen seine Demut und Hilflosigkeit angesichts der zutiefst empfundenen inneren Verpflichtung, zum Wort Gottes zu stehen, selbst wenn es das Leben kosten sollte, zum Ausdruck kamen, sind vor diesem Denkmal des Reformators in der Vorhalle dieser Kirche zum markigen Protest umgedeutet. Die aus dem Wort Gottes geschöpfte, felsenfeste Willensstärke, an der jeder Widerstand zerspellt, die durch keine Macht der Welt ins Wanken zu bringen ist, war die Geisteshaltung, die das protestantische Kaiserreich als ideale Grundlage der zukünftigen Weltgeltung Deutschlands betrachtete. Gestählt durch Treue und „urdeutschen" Kampfesmut Luthers, sollte die Nation ihre großen Aufgaben der Zukunft lösen. Die Gedächtnishalle erweist sich mithin als ein Tabernakel der hochheilig verehrten Willenskraft Luthers, die als die Essenz des Protestantismus für die Nachkommen beschworen wird. Zugleich diente die erstrittene Reinheit des Evangeliums als moralische Legitimation und heilsgeschichtliche Überhöhung der erstrebten überlegenen Stellung Deutschlands in der Welt.

**9.2. Martin Luther**
*Hermann Hahn (Kloster-Veilsdorf 1868 – München 1945)*
*Bronze (Vorhalle der Gedächtniskirche der Protestation zu Speyer), 1903*
*Gedächtniskirchengemeinde, Speyer*
*Bildnachweis: Zentralarchiv der Ev. Kirche der Pfalz Abt. 154 Nr. 8733*

**9.3. Luthers Bibelübersetzung**
*Gustav König (Coburg 1808 – Erlangen 1869)*
*Stahlradierung (32. Blatt aus dem 48-teiligen Lutherzyklus), 1840/50*
*Kunstsammlungen der Veste Coburg, Inv. Nr. VI, 489, 32a*

Der Künstler, dem
die Zeitgenossen den ehren-
den Beinamen „Luther-König" verliehen, hatte mit seinem Lutherzyklus, der zuerst
1851 als Illustration der Biographie des Reformators
von Heinrich Gelzer herausgekommen war, ungewöhnlich
großen Erfolg. Zwischen 1851 und 1930 erlebte der Zyklus acht
Auflagen, ganz abgesehen von unzähligen Reproduktionen der Einzelblätter in den unterschiedlichsten Kontexten.

Im vorliegenden Blatt gibt König einen Einblick in die Praxis der Bibelübersetzung. Auf der Textgrundlage der lateinischen, griechischen, hebräischen und chal-
däischen Bibeln, unterstützt durch Rabbiner, versuchte ein Kreis von Theologen
unter Leitung Luthers, die gute und treffende deutsche Übersetzung zu finden.

In einem im Renaissancestil gehaltenen, an die Wittenberger Lutherstube gemah-
nenden Interieur, dem zwei Butzenscheibenfenster Licht geben und von dessen
kassetierter Holzdecke ein sechsarmiger Leuchter herabhängt, haben sich elf Gelehrte, die mit aufgeschlagenen dicken Bibelfolianten um einen Tisch herum gruppiert sind, in eine angeregte Debatte vertieft. Die Männer im Vordergrund lauschen
den Ausführungen eines Rabbiners zu einer Schriftstelle und prüfen nachdenklich
bis grüblerisch ihre eigenen Texte, um darauf etwas zu entgegnen. Während man
hinter ihnen am linken Bildrand einen vereinzelten, in sich versunkenen Theologen erkennt, sind weitere vier auf die zentrale Gestalt Luthers bezogen, zu dem
eine geschwungene Bildlinie von den beiden Rabbinern über die Köpfe der Sitzenden und den Rücken des sich erhebenden Mannes hinweg aufsteigt. Der Reformator, dem Johannes Bugenhagen eine Bibel hält, in die Philipp Melanchthon über
Luthers Schulter einen Blick hineinwirft, hat im Stehen alle überragend alles an-
gehört und gibt nun mit einem in der Ferne ruhenden Blick inspirierter Sammlung
seinen entscheidenden Fingerzeig, in welchen Worten die betreffende Bibelstelle
in der Volkssprache der Deutschen eine Heimat finden wird.

Mittels subtiler Symbolik erhöht der Künstler die von Luther geleitete Arbeit an
der deutschen Bibel zu einem Werk spiritueller Dimension: Der auf Christus zu
deutende sechsarmige Leuchter über Luthers Haupt lässt ihn als einen im Geiste
Christi Erleuchteten erscheinen, die Elfzahl der Männer im Raum erinnert an Jesu
treue Apostel, während die beiden Fenster Altes und Neues Testament bezeichnen
und in der Figur des Reformators verbunden sind.

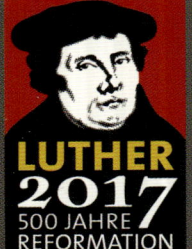

AM ANFANG
WAR DAS WORT

LUTHER
2017
500 JAHRE
REFORMATION

## Tafel 10: 20. Jahrhundert – Brüche im Lutherbild

Die Lutherbilder des ausgehenden 19. Jahrhunderts bereiten einer nochmaligen Steigerung nationalistischer Vereinnahmung Luthers in der ersten Hälfte des 20. Jahrhunderts den Boden. Um den Siegeswillen der Soldaten wie der Bevölkerung anzufachen, werden im Ersten Weltkrieg die kämpferischen Tugenden des deutschen Reformators beschworen (Abb. 10.1. und 10.2.). Im Jubiläumsjahr 1933 bedienen sich die Nationalsozialisten des jungen Luther als einer zu allem entschlossenen theologischen „Führergestalt", die ihre Energie aus bäuerlichen Wurzeln bezieht.

Mit dem Ende des Zweiten Weltkriegs 1945 erfährt die gesamte Lutherrezeption eine tiefe Zäsur. In der modernen Kunst wird Luther lange Jahre kaum thematisiert. Erst der 500. Geburtstag 1983 ist Anlass für eine neue Auseinandersetzung mit dem Reformator. In der DDR unterstützt die Lutherrezeption den Prozess staatlicher Identitätsfindung (Abb. 10.3.), während das Lutherbild in der BRD eine Vielzahl künstlerischer Brechungen erfährt.

Unter der Krone eines Eichbaums rahmen Luther und Bismarck als „deutsche Eichen" den Stamm in ihrer Mitte ein. Der alte Reformator trägt unter seinem Talar eine ritterliche Rüstung, die Rechte fasst ein blankes, auf den Boden gerichtetes Schwert, die Linke hält die geschlossene Bibel. Sein Gesichtsausdruck ist fest, jedoch von eigentümlicher Starre. Unter Luther erinnert ein Schriftband an sein kämpferisches Lied „Ein feste Burg ist unser Gott". Dem Reformator gegenüber ragt die Gestalt Bismarcks auf. In Kürass, Feldmantel und Stulpenstiefeln, die Pickelhaube auf dem Kopfe, stützt sich der „Eiserne Kanzler" auf seinen Säbel. Sein berühmt-berüchtigter Ausspruch aus der Reichstagsrede vom 6. Februar 1888, „Wir Deutsche fürchten Gott, sonst nichts auf dieser Welt", erscheint in programmatischer Absicht und als inhaltliche Fortsetzung des Lutherzitates auf zwei Schriftbändern verteilt am unteren Bildrand. Um den Eichenstamm legt sich ein Band, das in der Mitte verknotet ist und darunter in eine Schlinge ausläuft, die die Wappenschilde Luthers (Lutherrose) und Bismarcks (doppeltes Dreiblatt) nach der Art eines Allianzwappens zusammenfasst. Luther und Bismarck nehmen keine Notiz voneinander. Ihr starrer Blick geht diagonal aus dem Bild heraus und kreuzt sich vor dem Eichstamm.

In der schweren Zeit des Ersten Weltkriegs stehen die vielfach parallelisierten nationalen Leitgestalten von Luther und Bismarck wie zwei Kampfgefährten fest zusammen und wachen entschlossen und wohl gerüstet über den grünenden Eichbaum Deutschlands. Der Schulterschluss von Reformator und Kanzler beschwört „deutsche Tugenden", die sich in den denkmalhaften Gestalten beider verkörpern und auf die die Nation bauen kann: Eisernes Kurshalten, furchtlose Treue und unbeugsame, urwüchsige Kraft, überhöht durch Gottesfurcht und unbedingtes Gottvertrauen sollen Garanten deutscher Überlegenheit sein und so die Siegeszuversicht stärken.

**10.1. Luther als „deutsche Eiche"**
Anonym
Stahlstich (Feldpostkarte), um 1917
Privatbesitz

Und wenn die Welt voll Teufel wär!

E. Barlach

**10.2. „Und wenn die Welt voll Teufel wär!"**
*Ernst Barlach (Wedel 1870 – Rostock 1938)*
*Lithographie (46. Blatt aus der Flugblattserie „Kriegszeit"), 1915*
*Kupferstichkabinett der Kunsthalle Hamburg, Inv. Folge 114*
*Bildnachweis: bpk / Hamburger Kunsthalle / Christoph Irrgang*

Wie viele Intellektuelle und Künstler ließ sich auch Ernst Barlach von der Woge der Kriegsbegeisterung mitreißen und pries in seinem Güstrower Tagebuch den Krieg als orkanhafte Befreiung und Erlösung. Entsprechend dominiert in seiner Flugblattserie „Kriegszeit" patriotische Parteinahme, wenn auch Kriegselend und anonymes Leid nicht ausgeklammert werden.

Mit unbeweglich fester Miene, die Augen mit einem in die Ferne gehenden Blick unbeirrt emporgerichtet, sitzt der alte Reformator in herrscherlicher Pose barhäuptig auf einer schirmartigen Konstruktion, die in den Boden geschraubt erscheint. In fesselartigen Streifen umschlingen die Ärmel seines Talars die Arme, die mit zu Fäusten geballten Händen auf die Knie gestützt sind. Von links ist der Teufel, der einen Soldatenmantel um die Schultern trägt, dicht an Luther herangetreten und deutet spöttisch mit herausgestreckter Zunge auf eine in Rauchschwaden über den beiden Akteuren aufsteigende Schreckensvision einer Vergewaltigung.

Der Bildtitel zitiert die Anfangsworte der dritten Strophe des Lutherliedes „Ein feste Burg ist unser Gott" und liefert damit den Schlüssel zur Bildidee. Die Welt wird zwar vom Teufel beherrscht, der besonders in Kriegszeiten triumphiert und mit seinen Teufeleien, denen der Mensch ohnmächtig ausgesetzt ist, scheinbar Gott Hohn spricht, so dass die Gläubigen schlimme Anfechtungen durchleben. Gleichwohl kann er Luther als Verkörperung deutscher Glaubensfestigkeit nicht die unerschütterliche Überzeugung nehmen, dass in Christus Welt und Teufel überwunden sind. Auch dem Reformator mögen die Hände gebunden sein, seine Fäuste zeugen jedoch von unvermindert kämpferischem Trutzgeist. Luthers „Es soll uns doch gelingen" klingt im Kriegsjahr 1915 wie der zum Vorbild erhobene felsenfeste Glaube an den Endsieg der Nation Luthers und ihrer Mission in der Welt.

Zur Erinnerung an die Schlacht bei Frankenhausen, bei der im Mai 1525 die aufständischen Bauern unter Führung Thomas Müntzers vernichtend geschlagen wurden, entstand zwischen 1976 und 1987 im DDR-Staatsauftrag eine Gemälderotunde von 14 x 123 Metern in einem eigens dafür auf dem historischen Schlachtberg errichteten Museumsgebäude. Der mit staatlichen Auszeichnungen geehrte Künstler Werner Tübke schuf ein Monumentalwerk, das vielleicht wie kein zweites Kontinuität und Wandel im Geschichtsbild der DDR spiegelt.

Die Person Luthers, die immer als Fürstenknecht und Bauernfeind gegolten hatte, erfuhr mit dem Segen der Staatspartei pünktlich zum Jubiläum von 1983 eine entscheidende Umwertung zum „frühbürgerlichen Revolutionär". Tübkes janusköpfiger Luther verkörpert die Zwiespältigkeit des gewandelten Bildes des Reformators, einer Gestalt mit zwei Gesichtern.

Der Revolutionär in Luther blickt nach vorn und verbrennt die päpstliche Bannandrohungsbulle, der Reaktionär in ihm wendet sich zurück und hindert den Reformator daran, auf dem einmal eingeschlagenen „richtigen" Weg fortzuschreiten und an der Seite Müntzers für die aufständischen Bauern zu kämpfen. Über der Menge der Zuschauer entweicht ein geflügelter altkirchlicher Dämon mit Heiligenschein und kardinalsrotem Schultermäntelchen, der nicht von ungefähr an ein Goyasches Nachtgeschöpf erinnert. Indem die schärfste Waffe „feudaler" kirchlicher Herrschaft, der Bann, im Feuer endet, ist seine böse Macht gebrochen.

**10.3. Der janusköpfige Luther verbrennt die Bannandrohungsbulle**
*Werner Tübke (Schönbeck/Elbe 1929 – Leipzig 2004)*
*Öl auf Leinwand (Detail aus dem Monumentalbild „Frühbürgerliche Revolution in Deutsch-land"), 1987*
*Panorama Museum Bad Frankenhausen*
*Bildnachweis: Dieter Leistner, Würzburg*

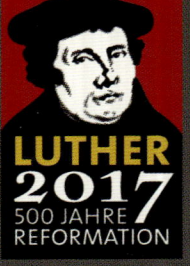

LUTHER
2017
500 JAHRE
REFORMATION

## Tafel 11: 20. Jahrhundert – Lutherbild der Gegenwart

Seit 1983 prägen die Museen mit ihrem Ausstellungsbetrieb das Lutherbild entscheidend mit. Dabei greifen sie naturgemäß auf historische Darstellungen zurück. In der zeitgenössischen Kunst bleiben Lutherthemen indessen vergleichsweise selten. Charakteristisch für die gegenwärtige Situation sind höchst individuelle Zugänge zur Figur des Reformators.

So kann ein stark säkularisierter Luther einem Künstler zum Instrument antiklerikaler Kritik werden (Abb. 11.2.). Demgegenüber versucht die christliche Kunst, das Veränderungspotenzial der Lehre Luthers für die heutige Zeit fruchtbar werden zu lassen. In einem ökumenischen Ansatz sehen sich Luther und Bernhard von Clairvaux unter dem Gekreuzigten vereint (Abb. 11.1.). Volksmissionarische Impulse gehen von einem vom Denkmalsockel geholten Luther aus. Als Mensch unter Menschen fordert er zur Nachfolge Christi auf (Abb. 11.3.).

Wenn sich nun die Reformation zum 500. Mal jährt, ist es an der Zeit, Luther in seinem leidenschaftlichen Ringen um die christliche Wahrheit neu zu begegnen. Seine bohrenden Fragen nach dem Zustand der Welt und der Kirche, sein kritischer Umgang mit der Tradition, seine Zuversicht im Hier und Jetzt geben dem Lutherbild sehr lebendige Konturen. Die Dynamik seiner Persönlichkeit hat vergangene Zukunft mitgestaltet und kann noch heute zu gesellschaftlichem Engagement ermuntern.

In dem aus einem Zisterzienserkloster hervorgegangenen Altenberger Dom, der seit 1857 von Katholiken und Evangelischen simultan genutzt wird, steht die Plastik Werner Franzens ganz im Zeichen der Ökumene. Christus selbst versöhnt zwei herausragende Lehrer der großen christlichen Volkskirchen mit einer Gebärde, die der Ikonographie des Heiligen Bernhard entlehnt ist, aber nun auch auf Luther Anwendung findet. Ohne voneinander Notiz zu nehmen, begegnen sich Ordensmann und Reformator wie zwei ungleiche Brüder unter dem Kreuz, das in beider theologischem Denken eine zentrale Stellung einnimmt. Beide nehmen ihren Ausgang aus der Mönchstradition des Abendlandes und prägen ihre Zeit entscheidend mit, beide üben scharfe Kritik am Papsttum und schätzen die Predigt des Gotteswortes über alles, beide achten sie den Bilderschmuck gering und betonen die Innerlichkeit des Glaubensvollzugs.

Vor dem Kreuz Christi knien Bernhard und Luther und sehen in Andacht versunken zum Gekreuzigten auf. Christus beugt sich herab und legt seine Arme um die Schultern der beiden Gottesmänner. Während Bernhard, der den Abtsstab der Zisterzienser und die Mönchskutte trägt, demütig die Arme vor der Brust kreuzt und beide Knie auf den Boden setzt, hat sich Luther, der im Talar des protestantischen Predigers einen Schriftbogen vor seine Brust hält, nur auf das linke Knie niederge-

**11.1. Bernhard von Clairvaux und Martin Luther vor dem Gekreu-
zigten**
*Werner Franzen (Cochem-Cond 1928 – Bergisch-Gladbach 2014)*
*Bronze, 1987*
*Altenberger Dom-Verein e.V., Bergisch-Gladbach*

lassen. Vor den Männern ruhen auf ihren jeweiligen Träger weisende, voneinander abgewendete Wappenschilde. So entsteht zusammen mit den beiden Kirchenlehrern, Armen und Körper Christi im Binnenraum der Skulptur eine aufsteigende rhombische Bewegung, die im Gekreuzigten wieder zusammenführt, was zunächst auseinanderstrebte.

**11.2. Der Besuch**
Michael Mathias Prechtl (Amberg 1926 – Nürnberg 2003)
Aquarell und Federzeichnung auf altem Büttenpapier, 1980
Stadtmuseum Amberg

Anlässlich des ersten Besuchs Papst Johannes Paul II. in Deutschland illustrierte Prechtls Arbeit im November 1980 das Titelblatt des Magazins „Der Spiegel". Wie schon die dort ins Bild eingerückte Überschrift der Titelgeschichte „Der Papst in Luthers Land" in ihrer dialektischen Zuspitzung erkennen lässt, geht es um den Aufbau von konfessionellen Oppositionen. Durch die Gegenüberstellung zweier „Paare" nimmt der Künstler in unverkennbar antikatholischer Tendenz Luther als Vertreter einer modernen Geschlechtermoral in Anspruch, deren Bekämpfung durch den Papst als größtes Hindernis der Ökumene erscheint.

Mit wehendem Umhang fliegt der Papst auf seinem Kreuzstab wie auf einem Hexenbesen von links ins Bild. Stirnrunzelnd fasst er mit missmutigem Gesichtsausdruck die deutschen Betrachter ins Auge, während er diesen eine Ikone seiner Heimat, die schwarze Madonna von Krakau, entgegenhält. Die damit angesprochene Marienfrömmigkeit des zur Spukgestalt stilisierten polnischen Papstes steht hier für konservative religiöse Ideale wie jungfräuliche Mütterlichkeit, gottgefällige sexuelle Enthaltsamkeit und stilles Sichergeben in die höhere Macht eines männlichen Willens. Unterhalb des Vertreters derart „abgehobener" Glaubenssätze und „seiner lieben Frau" behalten Martin Luther und Katharina von Bora festen Boden unter den Füßen. Ihre Umarmung demonstriert ebenso die Vereinbarkeit von Christentum und geschlechtlicher Paarbeziehung wie eine in Mienen und wachsamen Blicken bestätigte entschlossene Abwehrhaltung gegen jeden Herausforderer.

Der in München lebende Bildhauer Martin Mayer schuf im Auftrag eines Weißenburger Unternehmers zum 500. Geburtstag des Reformators ein Denkmal, das in mancherlei Hinsicht mit den Traditionen des 19. Jahrhunderts bricht. Freilich ragt Luther mit einer Höhe von 2,40 m noch immer riesenhaft auf, mit seinem sicheren Standmotiv und seinem schweren Talar ein Fels im Strom der Zeit. Doch er wird vom Sockel geholt und begegnet den Menschen in ihrer Lebenswelt fast auf Augenhöhe. Mit kontaktsuchendem, bedeutungsschwerem und zugleich herausforderndem Blick präsentiert ihnen der alte Reformator eine Seite des Bibelfolianten, den er mit der Linken untergefasst hat, während die Finger der Rechten noch halb am Buchschnitt liegen, so als hätte Luther die Bibelstelle für die Passanten soeben aufgeschlagen. Er gibt ihnen auf ihren Weg ein Wort Jesu mit, mit dem dieser seine Jünger ermuntert, ihm nachzufolgen: „Was hülfe es dem Menschen, wenn er die ganze Welt gewönne und nähme doch Schaden an seiner Seele?" (Matthäus 16,26).
Indem der Wittenberger Reformator mit seiner eigenen Biographie Zeugnis für die Möglichkeit ablegt, aus dem Geist dieser Maxime heraus zu leben, fordert er die Vorübergehenden dazu auf, ihrerseits Jesu Spuren zu folgen. Jenseits weltlicher Indienstnahme wird Luther damit zu einem mächtigen Vorbild für die Bewahrung innerer Integrität im Angesicht Gottes.

Aus Anlass des 450. Todestages von Martin Luther im Jahre 1996 wurde eine Replik dieses Denkmals vor der Stiftskirche in Landau/Pfalz aufgestellt.

**11.3. Denkmal für Martin Luther**
*Martin Mayer (Berlin 1931)*
*Bronze, 1983*
*Martin-Luther-Platz, Weißenburg, Bayern*
*Ev.-luth. Kirchengemeinde Weißenburg, Bayern*
*Bildnachweis: Stadtarchiv Weißenburg, Bayern*

LUTHER
2017
500 JAHRE
REFORMATION

## Tafel 12: 20. Jahrhundert – Lutherbild am Ende?

Das Lutherbild des 16. Jahrhunderts, wie es insbesondere von Lucas Cranach und seiner Werkstatt gestaltet wurde, prägt bis heute die Vorstellung vom Aussehen des Reformators (Abb. 12.1.). Ungeachtet der Tatsache, dass jede Zeit sich ihr eigenes Lutherbild formt und es nicht zuletzt in der Kunst zum Ausdruck bringt, zeigt die Geschichte der Lutherbilder, dass die Luthertypologie der Reformationszeit auf die eine oder andere Weise ihre grundlegende Bedeutung behält.

Spätestens seit Ende des Zweiten Weltkriegs, nachdem der Nationalsozialismus Luther als nordische Heldenfigur für sich ideologisch in Dienst genommen hatte, tut sich die darstellende Kunst schwer mit dem großen Reformator – zu gewaltig scheint der geschichtliche Ballast, unter dem dessen Persönlichkeit verschüttet liegt.

Bezeichnend für die neue Verunsicherung sind tastende Versuche einer Annäherung an Luther. In dem Bestreben, seine Leistungen möglichst objektiv zu würdigen, spaltet sich sein Bild in eine Vielzahl von Attributen auf (Abb. 12.2.). Eine eindeutige Festlegung wird so vermieden.

Der alte Luther steht breit und sicher in lebensgroßer, monumentaler Ganzfigur in einer rundbogigen Nische wie ein spätmittelalterlicher Heiliger. Er trägt die schwarze Schaube der Professorentracht, Vorbild für den Talar der protestantischen Prediger. Darunter kommt am Halsausschnitt über einem weißen Hemd ein kardinalsrotes zum Vorschein. In Analogie zur Farbensymbolik der Kardinalskleidung drückt sich darin die Bereitschaft aus, für das Evangelium zu sterben.

Luthers Hände umschließen behutsam eine Bibel, deren heller Prägeeinband aus dem Schwarz des Tuches hervorleuchtet. Das Festhalten am Wort Gottes, dessen urtümlichen Sinn Luthers Lehre und Übersetzung wiederhergestellt haben, erscheint wie die Quelle der Kraft, aus der die imposante Luthergestalt ihre zeitlose Gültigkeit bezieht. Luthers Gesicht strahlt eine fast überirdische Würde und Sicherheit aus. Aber auch Festigkeit, ja visionäre Entschlossenheit sind darin zu lesen. Die unbedingte Gewissheit, den rechten Weg beschritten zu haben, verbindet sich mit dem Auftrag an die Erben seines Lebenswerks, dem einmal gewiesenen Pfad beharrlich zu folgen. So steht in Luthers mächtiger, denkmalartiger Vaterfigur die reine Lehre des Evangeliums als Vorbild und Mahnung kommenden Generationen vor Augen.

Schon in Luthers Todesjahr 1546 hatte der jüngere Cranach die erste lebensgroße ganzfigurige Darstellung des Reformators gemalt (Staatliches Museum Schwerin). Im Auftrag des Kurfürsten August von Sachsen entstand dann 1575 das zweite Bildnis in diesem Typus für Schloss Annaberg. Das Ganzfigurenbildnis breitete sich dann in der populären Druckgraphik rasch aus.

**12.1. Martin Luther im Alter**
*Lucas Cranach d. J.*
*(Wittenberg 1515 –*
*Weimar 1586)*
*Öl auf Holz, 1575*
*Kunstsammlungen der*
*Veste Coburg, Inv. M. 304*

**12.2. Lutherbrunnen**
*Gernot Rumpf (Kaiserslautern 1941)*
*Bronze auf Sandstein, 1992*
*Prot. Kirchengemeinde Ludwigshafen-Mitte*
*Bildnachweis: Zentralarchiv der Ev. Kirche der Pfalz*

Im Kernbereich des heutigen Lutherplatzes, der das Gelände der im Zweiten Weltkrieg bis auf den Turm und die Fassade zerstörten Lutherkirche einnimmt, entspringt am Holzkreuz vor dem Turm ein Wasserlauf, der zum Lutherbrunnen führt und sich unter einem Steg über das Brunnenbecken fortsetzt. Der Steg teilt das Brunnenbecken in zwei Hälften. Im nördlichen Teil finden sich die Bronzebüsten Luthers und seiner Frau, Katharina von Bora, auf monolithischen Steinsockeln.

Luther, für dessen eigenwilligen Kopf verschiedene Cranachbilder des gereiften Reformators Pate gestanden haben, wird in additivem Verfahren, vermittels mehrerer Attribute, in verschiedenen Rollen präsentiert: Als Mönch (Kutte), Reformator (Bibel) und Propagandist des Evangeliums (Druckerpresse). Dürer-Hase und „Wittenbergische Nachtigall" spielen zudem auf die Kultur der Lutherzeit an, die den Reformator trug, die er aber auch entscheidend mitgeprägt hat.

Eine hoch aufragende päpstliche Mitra dominiert die südliche Hälfte des Brunnenbeckens. Vor ihr stehen sich der Papststuhl Leos X. und der Hocker Luthers gegenüber, um das Zwie- und Streitgespräch zwischen den Konfessionen zu versinnbildlichen. Doch vermittelt sogleich eine kleine „Brücke" ein besseres gegenseitiges Verstehen.
In additiv-synthetischem Vorgehen wird eine Art pluralistisches Lutherbild „für unsere Zeit" entwickelt, das auf einheitliche Festlegungen verzichtet. Luther erscheint als Träger verschiedener Funktionen. Diese sind teilweise historischer Natur, teilweise berühren sie aber die moderne Wirkungsgeschichte des Reformators, wenn dieser etwa für die Ökumene in Anspruch genommen wird. In der Symbolik vom Wasser des Lebens, dessen Quelle am Kreuz entspringt und das das Brunnenbecken an der Stelle des früheren Altarbereichs auf evangelischer wie katholischer Seite speist, gewinnt die Idee einer reformierten Kirche, wie sie Luther vorschwebte, eines aus seinem geistlichen Kern heraus erneuerten Christentums Gestalt.

LUTHER
2017
500 JAHRE
REFORMATION

## Tafel 13: 21. Jahrhundert – Der kommerzialisierte Luther

Die Wurzeln der heutigen Vermarktung des Reformators reichen in das Jubiläumsjahr 1883 zurück. Damals kam in großem Stil ein Prozess in Gang, den man modern als Merchandising bezeichnen würde. Kleinanzeigen in den Zeitungen bewarben Lutherartikel wie Becher, Büsten, Statuetten oder priesen mit Schokolade gefüllte Lutherfiguren an. Die Darstellungen setzen dabei auf Wiedererkennbarkeit und reduzieren sich auf wenige prägnante Details, die meist der Bildtradition des 16. Jahrhunderts entlehnt sind.

Gegenwärtig sind über das Internet der kommerziellen Nutzung des 500. Reformationsjubiläums kaum noch Grenzen gesetzt. Eine breite Angebotspalette bietet etwas für jeden Geschmack und kommt bequem per Mausklick ins Haus. Spielerisch bedienen sich die Produkte des hergebrachten Bildrepertoires, ob es sich nun um Schlüsselanhänger, Luthersocken, Chips für Einkaufswagen (Abb. 13.2.), Playmobilfiguren oder Luthergebäck (Abb. 13.1.) handelt. Die Grenzen zwischen Kommerz und Kunst verwischen im Falle der 2010 von Ottmar Hörl durchgeführten Aktion „Hier stehe ich" (Abb. 13.3.).

Mehrere Traditionsschichten erzeugen bei dem aktuellen Verpackungsmotiv eine Atmosphäre altgediegener Würde. Als Grundlage für den heutigen Druck darf stilistisch und firmengeschichtlich eine Chromolithographie gelten, die vermutlich im Jubiläumsjahr 1917 entstanden ist. Sie basiert wiederum auf Luthers Altersbildnis von Lucas Cranach d. J. aus dem Jahr 1562. Es zeigt den ergrauten Reformator im schwarzen Talar vor goldfarbenem Hintergrund. Mit seinen Händen, die sich auf eine sockelartige Brüstung stützen, präsentiert er dem Betrachter die aufgeschlagene Bibel und verweist ihn mit Römer 3,22–25 auf eine Kernstelle der reformatorischen Rechtfertigungslehre. Die Dreieckskomposition lässt die mächtige Gestalt Luthers wie einen Fels aufragen und verleiht ihr monumentale Wirkung. Diese steigert sich noch durch seinen ernsten Blick, der sich fest und entschlossen in die Ferne richtet, den Goldgrund sowie den Brüstungssockel. Cranach gelingt damit ein überzeitliches Gedenkbild Luthers, mit dem dieser der Nachwelt sein Vermächtnis als Erbe und Auftrag hinterlässt.

Als Schmuckbild der Gebäckpackung beschert das Porträt ebenso wie die archaisierende Schreibung dem „Lutherbrodt" eine Aura altbewährter Tradition und Qualität. Mit dem Kauf des „Premiumgebäcks" setzt sich die anspruchsvolle Kundschaft von kurzatmigen Trends ab und schärft ihr soziales, wo nicht gar ihr konfessionelles Profil. Auch wenn die Käufer gerade durch die Orientierung am historistischen Schein unfreiwillig der aktuellen Retrowelle folgen, führt das Lutherbrot in der Tat zurück in die Vergangenheit. Lange bevor der erste Riegel die Wittenberger Keksfabrik verließ, wurde am 31. Oktober im Großraum Dresden und im Vogtland bereits ein christstollenartiges Reformations- oder Lutherbrot gebacken. In

**13.1. Schmuckbild für „Original Wittenberger Lutherbrodt"**
*Wikana Keks und Nahrungsmittel GmbH*
*Bedruckte Pappe, 2015*
*Bildnachweis: Andreas Kuhn, Neustadt a. d. Weinstraße*

ihm erlebt der protestantische Volksglaube seine vorweihnachtliche Freude. Durch
Luthers Befreiungstat steht den Menschen das Paradies, das ihnen durch Jesu Geburt wieder aufgeschlossen wurde, auch in Zukunft offen. Das süße Gebäck ist ein
Vorgeschmack auf die Früchte am Baum des Lebens. Besonders anschaulich wird
diese Vorstellung in dem Brauch, Lebkuchen an den Weihnachtsbaum zu hängen.
Hier schließt sich der Kreis zu dem in Form eines Lebkuchenriegels vertriebenen,
stollenweiß glasierten „Lutherbrodts". Es bedient sich der miteinander verfloch-
tenen Traditionen um Luther und das Weihnachtsfest und kreiert daraus einen
Konsumartikel, den das Flair der guten alten Zeit umgibt.

Auf knappem Raum braucht es eine prägnante Bildformel. Für den Entwurf des Chips fiel die Wahl auf ein seinerzeit in Serie gegangenes Porträt aus der Werkstatt Lucas Cranachs d. Ä. von 1528, das sich unter anderem im Lutherhaus Wittenberg befindet. Es zeigt den Professor der Theologie als Mann in seinen besten Jahren. Aus dem Schwarz von Barett und Schaube leuchtet Luthers Gesicht hervor. Sein tief in Gedanken versunkener Blick strahlt ruhige, überlegene Kraft aus. Amtstracht, Lichtfülle und Augenausdruck verleihen dem Reformator den Nimbus des gottbegnadeten Lehrers der Heiligen Schrift.

Im Rückbezug auf das wirkmächtige Porträt nutzt der Chip dessen hohen Wiedererkennungswert und kann daher auf eine Namensangabe verzichten. Trotzdem und gerade dadurch erreicht der Reformator im Bewusstsein der Betrachter eine besondere Präsenz. Denn das Porträt aktiviert innere Bilder, in denen die Darstellung mit persönlichen Erinnerungen und Emotionen verkoppelt ist. Zudem sorgt die münzartige Prägung dafür, dass Luthers Gegenwart wortwörtlich mit Händen zu greifen ist.

Als Chipmotiv und in einen Schlüsselanhänger eingefügt begleitet Luther durch den Alltag. Sein Bild erinnert daran, den Glauben in die profane Welt hineinzuholen. Es dient der Vergewisserung der eigenen protestantischen Identität und erhält nach außen Bekenntnischarakter. Der Hinweis auf „500 Jahre" steht für verlässliche Kontinuität und spendet Vertrauen in einer Welt des raschen Wandels. Mit seinen konfessionellen Qualitäten und als steter Weggefährte rückt der Chip in die Nähe eines Medaillons. Unversehens mutiert der banale Zweckgegenstand zum Taschenheiligen, dem seine kommerzielle Herkunft keinen Abbruch tut.

**13.2. Chip für einen Einkaufswagen**
*Amt für Öffentlichkeitsdienst der Evangelisch-Lutherischen
Kirche in Norddeutschland
Messing, 2014
Bildnachweis: Andreas Kuhn, Neustadt a. d. Weinstraße*

**13.3. Installation „Martin Luther: Hier stehe ich ..."**
**Ottmar Hörl (Nauheim 1950)**
Blauer, grüner, roter und schwarzer Kunststoff, 2010
Marktplatz zu Wittenberg, 14.08. – 12.09.2010
Bildnachweis: Christian Melms, Wittenberg

Achthundert knapp ein Meter große Lutherfiguren in den vier Cranach-Farben verteilen sich auf einem Lattengitter über den Wittenberger Markt. Formal zitieren sie das Lutherdenkmal Johann Gottfried Schadows von 1821, das hier seinen Standort hat, aber zur Zeit der Installation saniert wurde und daher abgebaut war. Indem die Kunststoffkopien an dessen Stelle treten, hinterfragen sie kritisch den glorifizierenden Umgang mit der Figur des Reformators. Luther wird als Denkmal demontiert, vom Sockel geholt und begegnet den Menschen aus direkter Nähe und in bescheidener Größe inmitten des Marktes. Dort steht er unübergehbar im Wege, provoziert zu Fragen. Dabei weist der Kunststoff auf die Aktualität des Reformators hin, der seinen Platz in der Moderne beansprucht. So wie der historische Luther den Buchdruck nutzte, um möglichst viele Menschen zu erreichen, erzielt die Installation ihre Breitenwirkung über serielle Vervielfältigung. Zugleich erlaubt das multiple Abbild einen persönlichen Zugang zum Reformator: Jeder soll für sich „seinen" Luther entdecken. Die Kunststoffkopien unterstützen diesen Prozess. Sie ironisieren die altehrwürdige Denkmalform und gleichen sie einem banalen Konsumartikel an. Wo sich Schwellenängste auflösen, kann die Aneignung gelingen.

In dem Bestreben, das Lutherbild ideologisch zu entlasten, emanzipiert sich das beginnende 21. Jahrhundert von einem einheitlichen Ansatz. An seine Stelle tritt ein Pluralismus, der im Namen moderner Konzepte von Freiheit, Selbstverantwortung und Vorurteilslosigkeit den Reformator dem spielerischen Diskurs überlässt. Hier öffnet sich ein weites Feld. Das Ende der Suche nach dem authentischen Luther erschließt dem Reigen der Lutherbilder neue Dimensionen.

Unübersehbar modern ist auch der Versuch, Luther zu einer Art „global player" umzufunktionieren: Zum Abschluss der Installation setzte man Hörls Figuren als „Lutherbotschafter" ein und verbreitete sie in aller Welt. So will man Menschen über Kontinente miteinander verbinden, die Reformation aus nationaler Enge herausführen und ihre globale Bedeutung ins Bewusstsein zurückrufen.

LUTHER
**2017**
500 JAHRE
REFORMATION

## Tafel 14: 1883, 1917, 2017 – Lutherjubiläen

Wenn sich Luthers Geburt oder seine Veröffentlichung der 95 Thesen zu einem weiteren Jahrhundert runden, erfährt die Auseinandersetzung mit dem Menschen und seinem Werk besondere Aufmerksamkeit. Im Zentrum der Aktivitäten steht dabei freilich nicht die Überlegung, der historischen Gestalt des Reformators und seiner Leistung Gerechtigkeit widerfahren zu lassen. Vielmehr positioniert sich die jeweilige Gegenwart im Spiegel ihres zeitverhafteten Lutherbildes. In den ihr gemäßen Aneignungsformen des Mythos Luther findet jede Zeit letztlich zu sich selbst. 1883 gedenkt man erstmals Luthers Geburtstag in größerem Rahmen an vielen Orten in Deutschland (Abb.14.1.). Mit der Betonung des protestantischen Charakters des Deutschen Reichs verbinden sich scharfe Kontroversen mit der katholischen Kirche. Als der Erste Weltkrieg 1917 in seine Entscheidungsphase eintritt, fokussiert man sich auf Luthers streitbare Seiten und erklärt „Ein feste Burg" zum Kampflied der Soldaten, stilisiert Luther zum Mitkämpfer für die gerechte deutsche Sache (Abb. 14.2).

Am Beginn des 21. Jahrhunderts erweitert sich das Reformationsgedenken im Rahmen einer ganzen „Lutherdekade" (Abb. 14.3.) zu einer Vielzahl von Aspekten. Der multiperspektivische Ansatz mündet in eine Bestandsaufnahme des reformatorischen Erbes, dessen bleibender Ertrag der Kirche in schwierigeren Zeiten Stärke und Orientierung geben soll. Überdies erhebt man den Anspruch, die Rückbesinnung auf Luther ökumenisch zu öffnen und der Selbstvergewisserung evangelischer Identität eine christliche Basiskultur zur Seite zu stellen. Trotz aller Bemühungen um politische Korrektheit bleibt Luther freilich eine unbequeme, sperrige Figur, die sich durch alle Jahrhunderte hindurch noch jedem Einhegungsversuch erfolgreich entzogen hat. Dass er das tut, erweist ihn als lebendig und gibt ihm eine bleibende Faszination.

Zur Jubiläumsfeier von 1883 schmückt die protestantische Pfarrgemeinde Frankenthal ihr Festprogramm mit einem Titelbild, das Luthers überzeitlicher Bedeutung huldigt. Bereits der Zierrahmen mit seiner reichen Renaissanceornamentik beschwört antike Größe. Die überhöhende Wirkung steigert sich aber noch, sobald man in den Seitenteilen tragende Säulen erkennt. Unversehens verwandelt sich das Dekorelement in eine triumphale Ehrenpforte für den Reformator. Sie unterstreicht seine herausragende Leistung, durch die er sich einen festen Platz im Gedenken der Nachwelt erworben hat.

Geradezu charismatische Züge verleihen dem Jubilar die beiden gekreuzten Lorbeerzweige, die seine Büste wie ein Medaillon umschließen. Sie akzentuieren Luthers göttliche Inspiration, seine unvergänglichen Heilsverdienste und umgeben ihn mit dem Glanz eines siegreichen Glaubenszeugen, der anderen den Weg zu neuem Leben in Christus gewiesen hat.

**FEST-ORDNUNG**

für

**die Feier**

des

**400jähr. Geburtstages**

**Dr. Martin Luther's**

am

**10. UND 11. NOVEMBER 1883**

in der

**prot. Pfarrgemeinde Frankenthal.**

*14.1. Titelbild der Festordnung für die Feier des 400.*
*Geburtstages Martin Luthers in Frankenthal 1883*
*H.B. Albrecht, Leipzig*
*Holzstich, 1883*
*Bibliothek des Zentralarchivs der Ev. Kirche der Pfalz, K 509*

Entsprechend zeigt das Porträt eine alterslose Erscheinung, deren Blick in höhere Sphären entrückt ist. Für dieses Motiv hat Ernst Rietschels Denkmalentwurf für den Wormser Luther von 1858 Pate gestanden. Allerdings erfährt das Wormser Vorbild hier eine bezeichnende Abwandlung ins Süßliche. Aus Rietschels trutzigem Rebellen und Visionär wird ein milder, gesetzter Vermittlungstheologe. Ein dergestalt versöhnlich gestimmter Luther eignet sich denn auch für ein Erinnerungsfest ganz im Sinne des pfälzischen Unionsgedankens, den keine konfessionelle Schärfe trüben sollte.

**14.2. Der Thesenanschlag zu Wittenberg 1517**
*Arthur Kampf (Aachen 1864 – Castrop-Rauxel 1950)*
*Farblichtdruck nach dem Originalgemälde, um 1917*
*Zentralarchiv der Ev. Kirche der Pfalz Abt. 173 Nr. 983*
*(Ausschnitt aus einem Konfirmationsschein)*

Im Laufe des 19. Jahrhunderts entwickelt sich der Thesenanschlag zu einem populären Motiv, das in den Jahren vor dem Ersten Weltkrieg immer aggressivere Untertöne annimmt. Luther agiert als kämpferischer Idealist, der mit wuchtigen Hammerschlägen Nägel ins Gebäude der Papstkirche treibt und damit nicht nur der Welt das Heil bringt, sondern zugleich die Keimzelle zum Heranwachsen einer kräftigen deutschen Nation legt. Mit dieser Vorstellung verband sich ein hohes Sendungsbewusstsein protestantisch-deutschen Wesens, das in der Welt den ihm vermeintlich gebührenden Platz beanspruchte.

Im Auf und Ab zwischen Kriegsmüdigkeit und Siegeswillen beschwor man 1917 das Vorbild des lutherischen Tatmenschen. Arthur Kampf wählte dafür den Moment nach dem Thesenanschlag. Ohne dem Treiben hinter ihm die geringste Beachtung zu schenken, kommt Luther als schwarzgewandeter Augustinereremit mit forschem Schritt schräg auf den Betrachter zu und wächst dabei zu imposanter Größe heran. Aus seinen asketisch-strengen, scharfkantigen Zügen, die sich am Cranachporträt von 1520 orientieren, seinem festen, ruhigen Blick, der ausgeprägten Kinnpartie, seiner aufrechten Haltung spricht unerschütterliche Entschluss- und Willenskraft. Luthers ganze Gestalt strahlt Energie und Disziplin aus. Wie eine gesicherte Waffe umfasst er mit der Rechten den Hammer am Kopf und richtet dessen Stiel kerzengerade am Unterarm aus, während seine Linke sich auf sein Herz legt und seine Bereitschaft demonstriert, für seine Überzeugung einzutreten. So schreitet er nach getaner Arbeit davon und folgt unbeirrbar seinem einmal eingeschlagenen Weg. Derweil drängt sich das Volk vor der Pforte der Schlosskirche, um einen Blick auf die Thesen zu erhaschen. Man liest, diskutiert und staunt. Der von Luther ausgesandte Impuls beginnt zu wirken und entfaltet – nach nationalistischer Lesart – im Volk eine unumkehrbare Dynamik, die dereinst die Welt verändern wird. Für reaktionäre Mächte wie den anderen Augustinerchorherren, der seinem Gegenbild argwöhnisch nachsieht, ist die Zeit abgelaufen. Auf sie spielt das Herbstlaub an, das unter Luthers Schritte weht.

Zu Beginn des 21. Jahrhunderts fungiert das Luthergedenken als Schwingungszentrum für eine Fülle unterschiedlicher Interessen. Unter der weiten Dachmarke des Logos finden weltliche und kirchliche Bestrebungen zu einem gemeinsamen Auftritt zusammen. Es geht dabei nicht nur um theologische Selbstvergewisserung, sondern auch um den Kulturstandort Deutschland, lebendige Demokratie, ein positives Deutschlandbild im Ausland, vertiefte Beziehungen zu Partnerländern oder schlicht um gute Geschäfte. Über das Jubiläum hinaus sollen sich Luther und die Reformation international als deutsche Erfolgsmarke etablieren. Dazu entwirft man ein stark gegenwartsbezogenes Bild der historischen Vorgänge und betont die globale Wirkmacht der Reformation für die moderne Welt und ihre Werte.

Folgerichtig suchen die einzelnen Elemente des Logos den Brückenschlag zwischen Zukunft und Vergangenheit. Bereits die ersten Zeilen erinnern in der Sprache des Johannesevangeliums an Gottes Wort als verlässlichen Ausgangs- und Angelpunkt für den angstfreien Aufbruch in eine gute Zukunft. Moderne Schriftzüge und kursiver Vorwärtsdrang künden von der hier und heute dynamisierenden Kraft Gottes, die sich den Menschen in bleibender Liebe zugewandt hat – eine Erkenntnis, die auch Luthers Wirken den Antrieb gab und die sein Blickkontakt vermitteln will. Sein in Gold und doch in klarer Schrift aufscheinender Name sowie sein vertrautes Cranach-Porträt von 1528 in Form einer Pixelgraphik erweisen ihn als nach wie vor modernen Reformator. Aktualität des Vergangenen signalisieren außerdem die traditionelle Type des in der Zukunft liegenden Jubiläumsjahrs und der modern gehaltene Gedenkanlass „500 Jahre Reformation". Durch den verlängerten Schaft der Sieben steht das kommende Festjahr zusätzlich in Verbindung mit dem ein halbes Jahrtausend zurückliegenden Ereignis. Schließlich hält auch die Farbigkeit die Schwebe zwischen Heute und Gestern. Schwarz, Rot und Gold zitieren nicht nur die Bundesfarben. Sie verweisen zugleich auf den reformatorischen Ernst, die Entdeckung der bergenden Liebe Gottes und die daraus bezogene Strahlkraft Luthers.

Mit der Modernität, für die man den Reformator und die von ihm angestoßene Bewegung in Anspruch nimmt, fügt sich die Lutherdekade nahtlos in die lange Geschichte der Lutherrezeption ein. Jede historisch bedeutsame Persönlichkeit ragt immer auch aus der Zeit heraus, in der sie wurzelt. Damit hinterlässt sie der Nach-

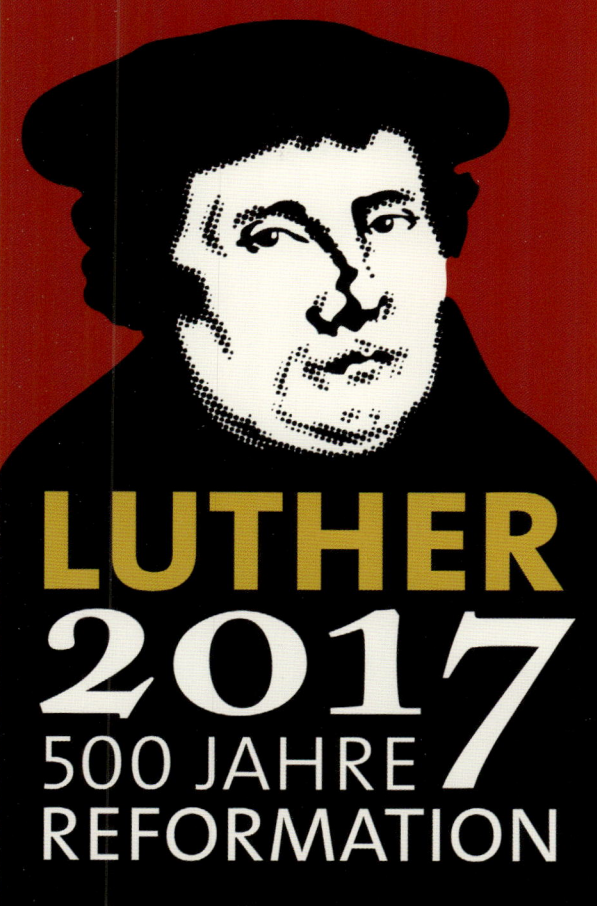

**AM ANFANG WAR DAS WORT**

LUTHER
2017
500 JAHRE
REFORMATION

*14.3. Offizielles Logo der Lutherdekade und des Reformationsjubiläums 2017*
*Kommunikationsagentur M.A.D., Offenbach am Main, 2008*
*Kuratorium für das Reformationsjubiläum*

welt ein Erbe, das diese nur in den Formen ihrer eigenen Zeit sich aneignen kann. Am Ende ergibt sich der paradoxe Befund, dass große historische Gestalten ihre bleibende Wirkung nur dadurch behalten, dass sie einem fortwährenden Mythisierungsprozess unterliegen.

# Lutherbilder aus Deutschland – Eine Auswahl

## Gabriele Stüber und Andreas Kuhn

Die folgenden 60 Lutherbilder bilden eine Auswahl aus der großen Bandbreite an Porträts, die heute in Kirchen, Archiven, Bibliotheken und Museen überliefert sind. Der Unterstützung aus Kirchengemeinden und Kultureinrichtungen ist diese facettenreiche Übersicht zu verdanken, die einmal mehr belegt, wie stark Martin Luther und sein Wirken durch die Jahrhunderte präsent blieben beziehungsweise sind.

Die Zusammenstellung entstand aus dem Bestreben, eine möglichst vielfältige und dabei auch repräsentative Folge von Lutherbildern aus sechs Jahrhunderten quer durch Deutschland vor Augen zu führen. Erläuterungen zu den Abbildungen sollen den Kontext erhellen, in dem das Lutherbild – aus welchem Material auch immer – jeweils entstand.

AM ANFANG
WAR DAS WORT

LUTHER
2017
500 JAHRE
REFORMATION

**Litomyšl (Ostböhmen, Tschechien)/Herrnhut (Landkreis Görlitz, Oberlausitz), 1523**
*Lukas von Prag im Dialog mit Martin Luther, Holzschnitt, Inschrift: „wyhledaníe pr[a]wdy zakona božieho" (neutschechisch „Vyhledání pravdy zákona Božího"; deutsch „Erfor- schung der Wahrheit des göttlichen Gesetzes"). Die Abbildung befindet sich auf der Titel- rückseite eines Druckes mit dem Titel „Odpověď Bratří na spis Martina Luthera […]" (Antwort der Brüder auf die Schrift Martin Luthers „Vom Anbeten des Sakraments" […]). Monogrammist H [?], Litomyšl 1523. Bestand und Foto: Unitätsarchiv Herrnhut, AB II.R.5.4.a.2., Bl. A1v*

Der Druck stammt aus einer Kontroverse mit Schrift, Gegenschrift und nochmali- ger Antwort, wobei die Auseinandersetzung zwischen Luther und den Böhmischen Brüdern in einem freundschaftlich-respektvollen Tenor gehalten ist.

Bei dem mit Schmuckeinband aus geprägtem Leder versehenen Band handelt es sich um Band 4 der Lutherschriften, die 1568 bei Peter Seitz in Wittenberg verlegt wurden.

## Haar (Amt Neuhaus, Landkreis Lüneburg), um 1570

*Nicolai-Kapelle: Relief von Martin Luther, Papiermaché, gefasst, Albert von Soest (gest. 20. März 1589 in Lüneburg), um 1570.*
*Foto: Renate Schieferdecker, Stapel*

Das Bild hängt über dem Turmeingang der Kapelle; unter dem Porträt steht in Reliefbuchstaben: „VIVA IMAGO DOCT[ORIS] MART[INI] LVTH[ERI]" (Getreues Abbild Dr. Martin Luthers); rechts oberhalb der Schriftleiste die Initialen des Albert von Soest.

Auf dem Epitaph an der Südwand des Chores ist über der unbekannten Stifterfamilie die Jordantaufe dargestellt. Vom Betrachtenden aus rechts sind Martin Luther, Philipp Melanchthon und weitere Reformatoren abgebildet, auf der anderen Seite Fürsten der Reformationszeit.

Das ursprüngliche Bild war in einen größeren Rahmen gefasst, der eine umfangreichere Aufschrift enthielt, die Auskunft über die Stifter hätte geben können. Der Rahmen ging bei der Restaurierung verloren, die Inschrift ist nicht dokumentiert.

## Barth (Landkreis Vorpommern-Rügen), 1588

*Martin Luther, Titelblatt der sogenannten Barther Bibel (Haupttitelblatt), Holzschnitt, koloriert, Jacob Mores d. Ä. (gest. 1609), gedruckt in der Fürstlichen Druckerei Bogislaws XIII., Barth 1588.*
*Bestand: Evangelische Kirchengemeinde Barth, ausgestellt im Niederdeutschen Bibelzentrum Sankt Jürgen, Barth.*
*Foto: Bernd Rickelt, Barth*

Die niederdeutsche Barther Bibel leitet ihre Bezeichnung von der „Förstliken Drückerye" des Hans Witte ab, die in einem Seitenflügel des Barther Schlosses Herzog Bogislaws XIII. von Pommern untergebracht war. Der vollständige Titel lautet: „Biblia. Dat is: De gantze hillige Schrifft, Düdesch. D. Mart. Luth. Mit der lesten Correctur flytich collationeret, vnde na dersüluigen emenderet, Barth, Hans Witten, 1588".

Die fürstliche Druckerei war aufgrund ihrer reichen Ausstattung mit Lettern verschiedener Form und Größe, Initialen und Schmuckformen eine der wichtigsten und leistungsfähigsten norddeutschen Druckereien jener Zeit. Als Textvorlage dienten dem Übersetzer die Mitte der 1540er Jahre in Wittenberg und Magdeburg erschienenen Luther-Bibeln. Die Bibel enthält über 100 Holzschnitte, die auf Jacob Mores d. Ä. zurückgehen, und war mit einer Auflage von ca. 1000 Exemplaren in Norddeutschland und Skandinavien weit verbreitet. Heute sind noch etwa 80 Barther Bibeln überliefert.

Je vier Szenen aus dem Alten und Neuen Testament stehen sich typologisch gegenüber und umreißen in vier Motiven das biblische Heilsgeschehen. Gottes Geist wird den Menschen geoffenbart: Moses empfängt von Gott die Gesetzestafeln – Maria und die Apostel empfangen den Heiligen Geist; Tod des alten Adam und neues Leben aus dem Wasser: Sintflut und rettende Arche mit rettungverheißender Taube darüber – Jordantaufe Christi mit Geisttaube darüber; Mahnung zu Standhaftigkeit und Glaubenstreue: Josef wird von seinen Brüdern verraten und in die Fremde verkauft – Jesus wird von Judas verraten und den Kriegsknechten ausgeliefert; Sieg über den Tod und neues Leben in Gott: Jona wird nach drei Tagen im Bauch des Walfischs von diesem an Land gesetzt – Jesus ersteht nach drei Tagen von den Toten auf.

Die so vermittelte Heilsbotschaft wird in den Rahmen des menschlichen Lebens gestellt. Unter einer Darstellung von Adam und Eva in der linken oberen Ecke verkündet der Titulus: „Wir alle sterben in Adam". Doch die Gestalt des Auferstandenen in der gegenüberliegenden Ecke verheißt: „In Christus wird uns das Leben verliehen". Durch die Bibel findet der Gläubige den Weg seines Heils. Entsprechend fällt Luther die Rolle des fundamentalen Mittlers des göttlichen Worts zu, so wie es sein Platz in der zentralen Kartusche am unteren Rand sinnfällig macht. Die vier Evangelistensymbole umgeben ihn wie eine Erlösergestalt, von deren Christusnähe und Apostelqualitäten die Lutherrose über ihm Zeugnis ablegt.

IN ADAM OMNES MO
RIMVR.

IN CHRISTO VIVIFI
CAMVR.

# Biblia

Dat is:

## De gantze hil=
lige Schrifft / Düdesch.

S. Mart. Luth.

Mit der lesten Correctur flytich
collationeret / vnde nȧ der sȧluis
sgen emenderet.

Barth.

In der Förstliken Drückerye / dörch
Hans Witten.

M. D. LXXXVIII.

S. MATHEVS

S. MARCVS

S. LVCAS

S. IOHANES

AM ANFANG
WAR DAS WORT

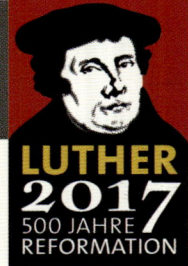

LUTHER
2017
500 JAHRE
REFORMATION

17. Jahrhundert

**Stedten (Landkreis Mansfeld-Südharz, Sachsen-Anhalt), o. D. [um 1600]**
*St. Martin: Epitaph, Holz, farbig gefasst und teilweise vergoldet, Künstler unbekannt, um 1600.*
*Foto: Rüdiger Muschke, Inventarisierung EKM, Magdeburg*

Das an der Südwand des Chores in der Nähe der Kanzel errichtete Epitaph ist mehr-
geschossig angeordnet. Im Hauptgeschoss, gerahmt von Säulen, befindet sich die
Darstellung der Auferstehung Christi, in der Bekrönung die Himmelfahrt. In der
Sockelzone ist die Kreuzigung Christi mit den Stiftern dargestellt. Der Unterhang
ist mit einer Inschrifttafel und einem Medaillon mit dem Relief von Martin Luther
versehen. In der Umschrift findet sich der häufig verwendete Luthervers: „PESTIS
ERAM VIVVS, MORIENS ERO MORS TVA, PAPA" (Im Leben war ich deine Pest, im
Tode werde ich dein Tod sein, Papst). In den konfessionellen Auseinandersetzun-
gen nach Luthers Tod spendete der prophetische Charakter des Ausspruches den
Anhängern des Reformators Kraft und Siegesgewissheit.

### Stedten (Landkreis Mansfeld-Südharz, Sachsen-Anhalt), 1603

*St. Martin: Kanzelaufgang mit Abbildung von Martin Luther, Holz, farbig gefasst, Paul Nicolei (Lebensdaten nicht bekannt), 1603.*
*Foto: Rüdiger Muschke, Inventarisierung EKM, Magdeburg*

Die polygonale Kanzel der 1517 erbauten Kirche befindet sich am spitzbogigen Triumphbogen. Der Kanzelaufgang mit Tür ist hier vom Altarraum her aufgenommen. Martin Luther ist in dem oberen Torbogen dargestellt, im unteren Philipp Melanchthon. Darüber befindet sich die lateinische Inschriftzeile: „PAX ASCENDENTIBVS ET DE-SCENDENTIBVS" (Friede sei mit denen, die auf- und niedersteigen [auf der Treppe zur Kanzel]).

Der Pfarrer, der eintrat, um die Predigt auf der Kanzel zu halten, wurde durch Luther und Melanchthon als den Hauptvertretern der Reformation daran gemahnt, sich von den Lagerkämpfen innerhalb des Protestantismus am Vorabend des Dreißigjährigen Krieges frei zu halten. Dazu rufen auch die lateinischen Verse (Distichen) in der Kartusche über dem Kanzeleingang auf, die sich an Pfarrer und Gemeinde richten.

Das erste Verspaar gilt dem Pfarrer und fordert von ihm, bei der Verkündigung des Evangeliums Luther und Melanchthon im Glauben nachzueifern. Das zweite Verspaar stammt aus einem Gedicht von Nathan Chytraeus (Nathan Kochhafe, 1543–1598), zeitweise Professor für Latein und Poetik an der Universität Rostock, und wendet sich an den Hörer der Predigt. Jedem, der es wagt, den Prediger Christi anzugreifen, droht der heftige Zorn Gottes. Der Friede, der den Pfarrer beim Betreten der Kanzel erfüllen soll, wird ihm auch nach dem Ende seiner Predigt zuteil werden. Deshalb soll der Geistliche den streitbaren Luther in sich bezähmen durch den versöhnlicheren Melanchthon.

**Gehofen (Kyffhäuserkreis, Thüringen), o. D. [frühes 17. Jh.]**
*St. Johann Baptist: Taufstein mit Lutherdarstellung, Künstler unbekannt, frühes 17. Jahr-
hundert.*
*Foto: Albert Schorr, Inventarisierung EKM, Magdeburg*

Am Schaft des vor den Chorraumstufen aufgestellten Taufsteins befinden sich die
Darstellungen der vier Evangelisten mit ihren Symbolen sowie Paulus mit Schwert
und Luther mit Bibel in der Hand. Über den Köpfen der Figuren ist auf den Feldern
des achteckigen Taufbeckens jeweils ein Spruch angebracht, bei Luther die Ausfüh-
rung zur Taufe aus dem Kleinen Katechismus.

Luther in Gemeinschaft mit den Evangelisten und dem Apostel Paulus, dessen
Römerbrief er sein Glaubensverständnis verdankt, wird als Künder des Evangeliums und damit als Teil des soliden Glaubensfundaments verstanden, das die Taufe
besiegelt. Unter Absetzung von anderen protestantischen Strömungen bekräftigt
man auf diese Weise auch Luthers Befürwortung der Kindertaufe.

Georgenkirche: Rechter Teil des Reformations-Doppelgemäldes mit Martin Luther und Jan
Hus, Öl auf Leinwand, Künstler unbekannt, 1617.
Foto: Gerhard Seifert, Öffentlichkeitsarbeit der Evangelischen Kirche in Mitteldeutschland,
Erfurt

Das in ein prächtig geschnitztes und figürlich üppiges Rahmenwerk gefasste Be-
kenntnisbild entstand aus Anlass des Reformationsjubiläums am Vorabend des
Dreißigjährigen Krieges und wurde von Herzog Johann Ernst von Sachsen-Eisenach
1618 gestiftet. Es hat seinen Platz an der Nordseite des Chorraumes. In einer Zeit
des anhaltenden Glaubensdisputes zwischen den beiden Linien des Hauses der Wet-
tiner, den Albertinern und Ernestinern, sollte es die ernestinische Rechtgläubigkeit
belegen.

Dargestellt ist die Austeilung des Abendmahles durch Jan Hus und Martin Luther
an die ernestinischen Fürsten jener Zeit. Als Vorlage diente ein Holzschnitt aus der
Cranach-Schule um 1551 (Die Spendung des Abendmahls durch Luther und Hus).
Der hier nicht abgebildete linke Teil des Doppelgemäldes zeigt die Übergabe der
Augsburger Konfession 1530 durch sieben Reichsstände an Kaiser Karl V., außer-
dem verschiedene Gottesdienstszenen.

## Bardenfleth (Landkreis Wesermarsch, Niedersachsen), 1624

*St.-Anna-Kirche: Martin Luther, linker Flügel eines Altars, Öl auf Holz, Künstler unbekannt, 1624.*
*Foto: Ev.-Luth. Kirche in Oldenburg, Peter Kreier*

Die 1620 erbaute Kirche in Bardenfleth ist eine Fachwerkkirche aus dem Moor-Marsch-Gebiet in der Wesermarsch. Der Altar von 1624 enthält das Kreuzigungs-bild eines unbekannten Künstlers. Auf der Fläche des linken Seitenflügels ist Martin Luther abgebildet, auf dem rechten Flügel Philipp Melanchthon. Unter Luther in ganzfigürlicher Darstellung findet sich die Inschrift „V[ERBUM] D[OMINI] M[ANET] I[N] AE[TERNUM]" (Das Wort des Herrn währet ewiglich).

**Rodenkirchen (Landkreis Wesermarsch, Niedersachsen), 1629**

*St.-Matthäus-Kirche: Martin Luther mit dem Schwan auf einem Relief rechts am Altarreta-*
*bel, Schnitzwerk aus Lindenholz, farbig gefasst, Ludwig Münstermann (geboren vermutlich*
*in Bremen nach 1575, gestorben um 1638), 1629.*
*Foto: Ev.-Luth. Kirche in Oldenburg, Peter Kreier*

Rodenkirchen war eine seinerzeit wohlhabende Kirchengemeinde des Marschen-
landes in der Wesermarsch. Die St.-Matthäus-Kirche gilt mit großer Wahrscheinlich-
keit als ursprüngliche Hauptkirche des Stadlandes. Die Lutherdarstellung befindet
sich im Rahmenwerk des Altarretabels. Der Reformator fasst mit den Schwurfin-
gern der rechten Hand die Schließe einer Bibel.

## Lemgo (Regierungsbezirk Detmold), 1636

*St. Marien: Martin Luther mit dem Schwan, Öl auf Leinwand, Meister Hermann (Lebensdaten nicht bekannt), 1636.*
*Foto: Karl-Heinz Wittwer für die Lippische Landeskirche*

Das stark nachgedunkelte Gemälde weist die Maße von 1,92 m Höhe und 0,91 m Breite auf. Es stellt Luther als Ganzfigur in Lebensgröße im Predigerrock mit einem Schwan dar. Die Inschrift zu beiden Seiten des Kopfes gibt Luthers Tätigkeit als Prediger und Professor in Wittenberg sowie seine Lebensdaten an. Das Gemälde war bis 1964 am zweiten südlichen Pfeiler angebracht und hängt heute an der Südwand des südlichen Kirchenschiffs.

## Haarlem (Niederlande), um 1650 [Jena 1575]

*Martin Luther, Kupferstich auf Papier, Cornelis Koning (Haarlem um 1624 – 1671, tätig in Haarlem), um 1650.*
*Bestand und Foto: Bibliothek für Diakonie und Entwicklung, Berlin (BDE): D IV 1-1*

Das Bildnismedaillon Luthers, gestaltet nach dem Altersbildnis von Lucas Cranach d. J. (1546), wurde nachträglich einer Publikation von Lutherschriften beigefügt: „Martin Luther: Der Erste Teil aller Bücher und Schrifften des thewren seligen Mans Gottes Doct. Mart. Lutheri vom XVII. jar an bis auff das XXII. Jhena: Thomas Rebarts Erben, 1575".

Die lateinische Umschrift im Rahmen lautet: „MARTINVS LVTHERVS ROM[AE] ANTICHR[ISTI] DEBELLATOR" (Martin Luther, der Bezwinger des römischen Antichristen). Darunter folgen ein lateinischer Vierzeiler von Theodor Beza (1519 – 1605) und eine niederländische Übertragung von Samuel Ampzing (1590 – 1632). Darin werden Luther, der Papst und das römische Weltreich in Beziehung zueinander gesetzt: „Rom bezähmte den Erdkreis, der Papst unterwarf sich Rom, jenes mit seiner Kraft, dieser mit seinen Listen. In gleichem Maße, wie Luther größer ist als dieser, ist er auch größer als jenes, er, der diesen und jenes einzig mit seiner Feder bezwang."

## Lüneburg/Herzogtum Mecklenburg, 1650

*Martin Luther auf dem Vorsatzblatt der in Lüneburg gedruckten mecklenburgischen Kirchenordnung, Künstler unbekannt, 1650.*
*Bestand und Foto: Landeskirchliches Archiv Schwerin*

Luther mit dem Schwan wird hier als Kirchenvater dargestellt, ihm gegenüber ist Herzog Johann Albrecht I. (1547–1576) abgebildet, der die erste mecklenburgische Kirchenordnung drucken ließ. Szenen aus dem Gemeindeleben (Predigt, Beichte, Abendmahl, Ordination und Taufe) veranschaulichen die Bereiche, die die Ordnung regelt. Die Kirchenordnung blieb bis 1918/21 in Kraft und war weit verbreitet.

**Eisleben (Landkreis Mansfeld-Südharz, Sachsen-Anhalt), 1661**
*Luther-Medaille, Metall, 1/3 Luthertaler*
*Bestand und Foto: Zentralarchiv der Ev. Kirche der Pfalz Abt. 172 Nr. 3.1.*

In der Regel wurden Lutherbildnisse aus Anlass von Reformationsjubiläen auf Medaillen, sogenannte Schaumünzen ohne Zahlungswert, geprägt. Diese Medaille von 1661 erschien ohne besonderen Anlass. Der Luthertaler kam in unterschiedlichen Fassungen und Gewichten vor, als 1½facher Luthertaler, als Taler und 1/3 Taler sowie in zahlreichen Nachgüssen.

Luther ist hier im Predigerhabit dargestellt, darunter steht das Prägedatum 1661. Die Umschrift lautet: „+ Mart[in] Luther der H[eiligen] Schrifft D[octor] weiland Pred[iger] u[nd] Prof[essor] z[u] Wittenb[erg]". Auf der Rückseite sind die Stadtansicht von Eisleben und das Mansfelder Wappen abgebildet. Als Umschrift findet sich: „+ Gottes Wort u[nd] Luther's Lehr Vergeht nun u[nd] nimmermehr. Islebie[n]".

AM ANFANG
WAR DAS WORT

LUTHER
2017
500 JAHRE
REFORMATION

18. Jahrhundert

### Aurich-Wiesens (Ostfriesland), um 1715

*Johannes der Täufer-Kirche: Kniebankwange mit Lutherfigur, Holz, 97,5 cm (Höhe der Wange), 89 cm (Breite der Wange), 37,5 cm (Höhe der Figur), Künstler unbekannt, um 1715. Foto: Jörg Campan, Wiesens*

Luther ist mit Kelch und Schwan dargestellt. Auf einer zweiten Kniebank ist Jan Hus mit Patene und Gans abgebildet.

**Nürnberg, 1717**

*„Abschilderung Herrn D. Martin Luthers und Seiner Famillie", Radierung, Gustav Adolph Müller (Augsburg 1694 – Wien 1767), 1717.*
*Bestand und Foto: Zentralarchiv der Ev. Kirche der Pfalz Abt. 169 Nr. 363 (Jubiläumsausgabe der Bibel aus dem Hause Endter, 1717, Frontispiz)*

Die Szene mit Luther in der Studierstube und den Porträts seiner Frau und seiner Eltern fand unter anderem Eingang in Lutherbibeln der Druckerei Endter, Nürnberg. Es handelt sich um eine Mischform aus der Illustration mit Luther am Schreibtisch und einer Folge von Porträts, die auf Lucas Cranach d. Ä. zurückgehen. Die Aneinanderreihung von Bildnissen aus Luthers Familie, die mitunter auch seine Kinder umfassen, kommt häufig vor (siehe folgende Abbildung).

## Bretten (Landkreis Karlsruhe), 1717

*Lebensbaum von Luther und seiner Familie, Frontispiz zur seit 1717 gedruckten Kurzbiographie Luthers (Das Gedaechtnis des Gerechten/Entsprossen aus dem Kurtzgefassten Lebens-Lauff Des Seeligen Herrn Martin Luthers der H. Schrifft Doctoris), die ab 1720 der Lutherbibelausgabe von Endter, Nürnberg, hinzugefügt wurde.*
*Kupferstich, Engelhard Nunzer (nachweisbar in Nürnberg ab 1696, gestorben Nürnberg 1733), um 1717.*
*Bestand und Foto: Melanchthonhaus Bretten, Inv. Nr. P Luth 43*

Ein Lorbeerbaum trägt das ovale Mittelmedaillon mit Luther im Typus des alterslosen Reformators. Er steht hinter einem Altartisch, hält die aufgeschlagene Bibel in der Rechten und sieht den Betrachter aufmerksam an. Mit dem Zeigefinger der Linken verweist er ihn mit der Passage aus dem Johannesevangelium 5,39 auf Christus als der zentralen Heilsgestalt der Bibel und dem Weg zum Paradies: „Suchet in der Schrifft, den[n] ihr meinet, ihr habt das ewige Leben darinnen; Und sie ists, die von mir zeuget."

Gleich einem Vermächtnis werden den Nachgeborenen damit die beiden lutherischen Prinzipien „Sola scriptura" und „Solus Christus" anvertraut. Zugleich spielt das dem Reformator zugewandte Kruzifix auf dessen Kreuzestheologie an. Den Hintergrund bildet eine Innenansicht der Schlosskirche zu Wittenberg. Kanzel und Altar stellen Predigt und Gottesdienst in die theologisch-pastorale Tradition Luthers, die dort weiterzuführen ist.

Auf die überzeitliche Dimension Luthers deuten auch die anderen Bildelemente. Der Lorbeerbaum verheißt mit seinen immergrünen Blättern ewiges Leben. Durch das Hauptporträt des Reformators und die vier Nebenmedaillons seiner Familie (Vater Johann, Mutter Margarethe, Ehefrau Katharina von Bora, Tochter Magdalena) gemahnt der Baum an das Wurzel-Jesse-Motiv und spricht dem Stamme Luthers eine heilsgeschichtliche Rolle zu. Trauer über irdischen Tod und fröhliches Weiterleben in Christus werden in Gestalt der beiden Putten zu Füßen des Stammes einander gegenübergestellt. In der dampfenden Weihrauchschale, die das Hauptmedaillon bekrönt, steigen schließlich Luthers Glaubenssätze als Gotteslob zum Himmel empor. Das Mittelmedaillon ist wie die Medaillons der Familie Luthers jeweils von dem Namen und den Lebensdaten bzw. nur dem Sterbedatum umgeben.

Von dem Kupferstich Nunzers entstanden Varianten, die wie die vorangehende Abbildung als Frontispiz seit 1720 in die Lutherbibelausgaben von Endter, Nürnberg, eingingen.

Die Ganzkörperfigur von Martin Luther befindet sich am nördlichen Strebepfeiler der Apsis außen am Kirchengebäude in einem zu einer Fiale gehörenden Taber-nakel. Der Reformator hält mit der Linken die aufgeschlagene Bibel und legt die geschlossene rechte Hand auf die Seite, pocht gleichsam auf das Wort Gottes.

Schraubmedaillen oder Schraubtaler erlebten ihre Blüte im 18. Jahrhundert. Sie waren ursprünglich aus zwei gleich großen Talern zusammengesetzt, die man mit einem Drehverschluss versah, so dass daraus eine Dose entstand. In dem Hohlraum wurden verschiedenste Dinge aufbewahrt. Im Zuge erhöhter Nachfrage goss der Augsburger Silberdrechsler Abraham Remshart eine medaillenartige Dose, deren Motiv er in Erinnerung an die Confessio Augustana mit den Porträts von Luther und Melanchthon versah. Innen befand sich eine Bildfolge (siehe folgende Beschreibung).

**Augsburg, 1730**

*Brustbild Martin Luthers, Kupferstich, handkoloriert, Abraham Remshart (Augsburg 1681 – Augsburg 1754), aus der Bilderfolge in der Schraubmedaille zum 200-jährigen Jubiläum der Confessio Augustana, 1730.*
*Bestand und Foto: Landeskirchliches Archiv Düsseldorf, Signatur 80074_07*

Die ursprünglich 24 Bilder umfassende Folge zeigte unter anderem zwölf Abschnitte aus dem Leben Luthers. Das Brustbild trägt die Aufschrift „Wir kön[n]en nichts wider die Warheit" (2. Korinther 13,8). Die Bilder waren durch ein Band verbunden und stellten ausgebreitet einen Lebensbaum dar.

**Trebur (Kreis Groß-Gerau, Hessen), um 1752**

*Laurentiuskirche: Lutherfigur, Holz, farbig gefasst, Johann Daniel Schnorr (Frankfurt am Main 1717 – Frankfurt am Main 1784), um 1752.*
Foto: Matthias Drechsel, Trebur

Von (Trebur-)Geinsheim aus soll Luther am 15. April 1521 auf seinem Weg zum Reichstag in Worms den Rhein nach Oppenheim überquert haben. Auch sein Rückweg am 27. April führte den Reformator über die ehemalige Königs- und Kaiserpfalz. Die ungewöhnliche, fast lebensgroße Darstellung des predigenden Luther ersetzte im Zuge einer umfangreichen Kirchenrenovierung der Jahre 1749 bis 1754 eine hölzerne Vorgängerfigur. Die besondere Luthererinnerung in der Laurentiuskirche wird mit der Überlieferung in Verbindung gebracht, dass Luther den Text von „Ein feste Burg ist unser Gott" in Trebur und Oppenheim verfasst habe.

## Beihingen am Neckar (Landkreis Ludwigsburg), 1752/1753

*Amanduskirche: Luther mit dem Schwan, Öl auf Holz, Johannes (Hans) Sti(e)gler (aus Prag [?]; Lebensdaten nicht bekannt), 1752/1753.*
*Foto: Roman Eisele, Freiberg am Neckar*

Das Tafelbild befindet sich in der Mitte der Nordempore. Es stellt Luther in über-zeitlicher Szenerie dar, die Rechte auf der aufgeschlagenen Bibel mit einer Stelle aus der Bergpredigt (Matthäus 5,14-15): „[Ihr seid das Licht der Welt …] Man zündet auch nicht ein Licht an und setzt es unter einen Scheffel [, sondern auf einen Leuch-ter]." Aus einem Wolkensegment kommt die Hand Gottes und hält den Scheffel über dem Licht, das die evangelische Wahrheit symbolisiert, die durch Luthers Wir-ken hell erstrahlen kann. Gott nimmt also nicht selbst den Scheffel vom Licht, son-dern zeigt an, inwieweit der Mensch seiner Selbstverantwortung gegenüber dem Evangelium und damit vor Gott gerecht geworden ist.

Links vom Lutherbild ist die Taufe Jesu im Jordan zu sehen, rechts davon die Ver-klärung Jesu.

**Schlichting (Kreis Dithmarschen, Schleswig-Holstein), 1817**
*Rochuskirche: Brustbild Martin Luthers mit antipäpstlichem Ausspruch und Lebensdaten des Reformators, Öl auf Eichenholz, Künstler unbekannt, 1817.*
*Foto: Marlies Rattay, Schlichting*

Das Bild geht auf Vorlagen von Lucas Cranach d. J. zurück und ist mit dem vielfach belegten Lutherzitat, hier in deutscher Reimfassung, versehen: „Dein pest ich war im leben mein. Mein Tod, dein Tod, o, Babst Sol sein". Darunter findet sich der Lebenslauf des Reformators in einer Schrift, die bewusst in altertümlichem Stil gehalten ist. Anlässlich des Reformationsjubiläums 1817 wurde das Porträt durch Pastor Horst aus Rendsburg in Auftrag gegeben und in der Kirche aufgehängt, wie aus der lateinischen Inschrift im unteren Rahmen hervorgeht („In memoriam tertii Reformationis Seculi hunc Lutherum pingendum et ponendum curavit [...]"). Oben im Rahmen sind die drei Pastoren angegeben, die in den jeweiligen Jubiläumsjahren der Reformation in der Gemeinde tätig waren.

Inmitten einer ornamentalen Pforte, die aus den Worten des Apostolischen und des Nicänischen Glaubensbekenntnisses gebildet ist, steht Martin Luther. Für seinen Talar wiederum liefert der Text des Athanasischen Glaubensbekenntnisses den kostbaren Stoff. Luther erscheint auf diese Weise als Zentralfigur des christlichen Glaubens. Akanthus und Rosette im Schmuckrahmen verweisen auf Unsterblichkeit und Paradies, die durch die Wiederherstellung der Reinheit der Lehre dem Gläubigen aufs Neue zugänglich sind.

119

Am unteren Reliefrand die erhabene Inschrift: „VIVA IMAGO DOCT[ORIS] MART[INI] LVTH[ERI]" (Getreues Abbild Dr. Martin Luthers). Der Besitz eines Papiermassereliefs des Albert von Soest ermöglichte dem Schleswiger Mechaniker und Instrumentenbauer Jürgensen die Herstellung von Abgüssen, die aus Anlass des Reformationsfestes 1817 an 35 Kirchengemeinden in Schleswig-Holstein geliefert wurden. Die meisten Abgüsse waren aus Gips, einige aus Blei wie diese aus dem Schleswiger Dom.

**Braunschweig, 1828**
Martin Luther, Erinnerungsblatt zum 300-jährigen Reformationsjubiläum der Stadt Braun-
schweig, Lithographie, Künstler unbekannt, gedruckt bei Oehme & Müller, Brauschweig 1828.
Bestand: Landeskirchliches Archiv Wolfenbüttel, LAW BS 39.
Foto: Friederike Mischke, Landeskirchliches Archiv Wolfenbüttel

Das Erinnerungsblatt zeigt Martin Luther unter einem gotischen Portal, wie er der
Verkörperung Braunschweigs, dem Löwen, der zutraulich zu ihm aufblickt, seinen Segen spendet. Auf das städtische Reformationsjubiläum und die segensreiche Wirkung
einer religiös fundierten Herrschaft spielt der gereimte Zweizeiler unter dem Bild an:
„Wo Kraft und Geist sich also hold verbündet/Da ist das Heil für alle Zeit gegründet."

Das in der Sakristei befindliche Gemälde ist unten rechts signiert mit der Flügel-schlange, dem Signet Cranachs, und der Jahreszahl 1543. Tatsächlich stammt das Originalgemälde des jüngeren Cranach in der Kirche von Wörlitz aus dem Jahr 1547.

Zum 300-jährigen Jubiläum der Einführung der Reformation in Sachsen entstan-den zahlreiche Lutherbilder, die in sächsischen Kirchen ihren Platz fanden. Diese Porträts zeigen den Reformator nicht in der üblichen schwarzen Gewandung, son-dern in einem gelben Wams mit Pelzbesatz über einem schwarzen Talar. Mit der Farbe gelb-schwarz wird auf die Farben des sächsischen Königshauses angespielt. Der sächsische Kurfürst Friedrich III., der Weise, war Luthers Landesherr. Somit ver-bindet sich in diesem Porträttypus Luthererinnerung mit Territorialstolz.

## Ueckermünde (Landkreis Vorpommern-Greifswald), 1845

*Ueckermünde-Liepgarten, St.-Marien-Kirche: Martin Luther und Johannes Calvin, einander die Hand reichend, Öl auf Leinwand, G. Berger (Lebensdaten und voller Name nicht bekannt), 1845.*
*Foto: Walter Graupner, Eggesin*

Die Inschrifttafel unter dem Bild belegt den Anlass für die Anfertigung des Gemäldes: „Ein Herr, ein Glaube und eine Taufe, ein Gott und Vater Aller. Mit innigem Dank gegen den Allgütigen der Kirche geschenkt im Jahre 1845 von dem Böhlschen Ehepaar, welches, obwohl von verschiedenen Confessionen, unter dem Segen Gottes 32 Jahre in glücklicher Ehe gelebt hat."

## Lauchhammer (Niederlausitz), 1861

*Oberteil der Lutherfigur, Modell des Lutherdenkmals in Worms, Gips, geschellackt, Ernst Rietschel (Pulsnitz 1804 – Dresden 1861), 1861.*
*Bestand und Foto: Kunstgussmuseum Lauchhammer/Jens Horn, Inv. GMO 001.0278*

1858 erhielt Rietschel den Auftrag für das große Lutherdenkmal in Worms. Er konzipierte die Gesamtanlage und die Kolossalstatue Luthers, konnte das Werk aber nicht vollenden. Es wurde von seinen Schülern Adolf von Donndorf (Weimar 1835 – Stuttgart 1916), Johannes Schilling (Mittweida 1828 – Klotzsche bei Dresden 1910) und Gustav Adolph Kietz (Leipzig 1824 – Dresden-Laubegast 1908) weitergeführt und am 25. Juni 1868 eingeweiht.

Die Skulpturen wurden in der Kunstgießerei Lauchhammer in Einzelteilen gegossen und später zusammengefügt. Nach der Vorlage Rietschels für Worms entstanden weitere Lutherstatuen unter anderem in Uelzen (1883), Coburg (1883), Eisenach (1895, nach Donndorf), Görlitz (1904), Washington (1884) und St. Louis (1903).

Das Reformationsdenkmal zeigt Martin Luther mit der Faust auf der Bibel im Zentrum der burgartigen Anlage auf einem Postament, das die Porträtmedaillons der streitbaren Reichsritter Franz von Sickingen und Ulrich von Hutten schmücken. Zu Füßen des hohen Mittelsockels sind mit Jan Hus, Girolamo Savonarola, Petrus Waldus und John Wycliff die sogenannten Vorreformatoren in Szene gesetzt. Die über Kreuz angeordneten, sitzenden Allegorien der Städte Speyer, Augsburg und Magdeburg erinnern an Schlüsselereignisse der Reformations- und Konfessionsgeschichte (Protestation von Speyer 1529, Augsburger Religionsfrieden 1555, Zerstörung Magdeburgs 1631).

In der Außenzone bilden vier Standfiguren die Ecktürme der protestantischen Bastion. Mit Philipp Melanchthon ist ein Wegbegleiter Luthers in die Anlage eingebunden, während die Bedeutung des Humanismus für die Reformation und ihren Bildungsansatz zusätzlich in Johannes Reuchlin Gestalt gewinnt. Schließlich erhalten mit Kurfürst Friedrich dem Weisen von Sachsen und Landgraf Philipp von Hessen die für die Sache der Reformation wichtigsten evangelischen Landesherren ihren Platz an Luthers Seite.

*Landgrafenschloss, Ausstellung des Universitätsmuseums: Religionsgespräch im Marburger*
*Schloß 1529, Öl auf Leinwand, August Noack (Bessungen 1822 – Darmstadt 1905), 1869.*
*Foto: Foto Marburg, Aufnahme-Nr. C 407.490, Fotograf unbekannt*

Das Gemälde befindet sich im West-Saal und damit nahe am mutmaßlichen Ort des Religionsgesprächs, dem Arbeitszimmer von Landgraf Philipp (1504–1567), und direkt vor dem Übergang zum Fürstensaal, den Noack als Hintergrund für seine Darstellung wählte.

Das Marburger Religionsgespräch führte die Hauptvertreter des lutherischen und reformierten Zweiges der Reformation auf Einladung des Landgrafen Philipp von Hessen vom 1. bis 4. Oktober 1529 auf dem Marburger Schloss zusammen. Politisch ging es darum, die Auseinandersetzung über die zentrale theologische Frage des Abendmahls beizulegen, um die Geschlossenheit der evangelischen Seite zu erreichen. Doch eine Einigung zwischen Martin Luther und Ulrich Zwingli kam nicht zustande.

Luther und Zwingli stehen am Verhandlungstisch. Luther deutet, während er Zwingli mit angehobenem linken Arm abwehrt, mit Entschiedenheit auf das griechische Wort „estin" ([Das] ist [mein Leib]), das er mit der noch daliegenden Kreide auf den Tisch geschrieben hat. Zwingli greift Luthers Hinweis auf das Einsetzungswort mit der Rechten auf und zeigt mit der Linken zum Himmel, um zu verdeutlichen, dass Christus bei seinem Vater weilt und daher unmöglich gleichzeitig im Abendmahl anwesend sein könne. An der Stirnseite des Tisches sind Philipp Melanchthon und Martin Bucer in ruhigem Gespräch zu sehen. Luther und Zwingli gegenüber sitzt der jugendliche Philipp von Hessen in offener, interessierter Haltung.

Mit dem Tenor seines Historienbildes rechtfertigt Noack das landesherrliche Kirchenregiment gegenüber den zeitgenössischen Liberalen, die für eine Trennung von Kirche und Staat eintraten.

**[Speyer,] um 1880**
Kerzen mit standbildartigen, ganzfigurigen Darstellungen von Martin Luther bzw. Katharina
von Bora, Wachs mit kolorierter Applikation, 22 cm Länge, um 1880.
Foto und Bestand: Zentralarchiv der Ev. Kirche der Pfalz Abt. 173 Nr. 2179

Die beiden Kerzen wurden vermutlich im Zusammenhang mit dem
Lutherjubiläum 1883 verkauft. In
der Fachliteratur über Erinnerungskultur und Luther-Devotionalien
sind diese Kerzen und daher auch
ein Fertigungsort bisher nicht belegt.

Luther und „Lutherin" dienen als
leuchtende Vorbilder und Arche-
typen eines protestantisch-bürger-
lichen Ehe- und Familienlebens.

## Lahr (Ortenaukreis, Baden-Württemberg), o. D. [um 1883]

*Luther-Quartett-Spiel, Papier, zusammengestellt von Hildegard Hajek, vertrieben vom Verlag Ernst Kaufmann, Lahr in Baden, um 1883.*
*Bestand und Foto: Landeskirchliches Archiv Bielefeld, Kleine Erwerbungen, Sign. 31 Nr. 48*

Das Quartett besteht aus zwölf Themenkreisen zu je vier Karten, die sich unter anderem um Luthers Familie, Luthers Kinder, Luthers Mitarbeiter, Luthers Gegner, Lutherstädte, Lutherlieder und Lutherburgen gruppieren. Wie viele andere Erinnerungsstücke für den Hausgebrauch entstand das Kartenspiel mit seinen Motiven aus der Reformationszeit im Zusammenhang mit dem Lutherjahr 1883. Im Rahmen einer protestantischen Sozialisation diente das Quartett im Elternhaus als Stichwortgeber, Verstärker und Erinnerungsmatrix. Über die Zwölfzahl der Kategorien fügte sich zudem jedes Bild wie von selbst in einen heilsgeschichtlichen Rahmen ein.

Marburg (Schloß)

Hier fand die denkwürdige Zusammenkunft zwischen Luther und Zwingli 1529 statt, die keine Einigung zwischen beiden Parteien brachte.

**Marburg**
**Schmalkalden**
**Augsburg**
**Worms**

Melanchthon arbeitet im März men mit Luther und den Freun Grundlage für das Augsburger

**Melanchthon**
**Spalatin**
**Cruciger**
**Bugenhagen**

Käthe von Bora, Luthers F

**Käthe von Bora**
**Hans Luther**
**Margarete Luther**
**Martin Luther**

## Lemgo (Regierungsbezirk Detmold), 1883

*Lemgoer Gemeindeblatt, Titelseite: Martin Luther, X[ylographische] A[nstalt] v[on] A[ugust] Schultze Berlin S[üd], 11.11.1883.*
*Bestand und Foto: Archiv der Lippischen Landeskirche, Pfarrarchiv der ev.-luth. Kirchengemeinde St. Nicolai Lemgo, Nr. 11*

Wie viele kirchliche Zeitungen nahm auch das Lemgoer Gemeindeblatt Luthers 400. Geburtstag im November 1883 zum Anlass einer Würdigung des Reformators. Als passende Abbildung wählte man einen Stich aus der Xylographischen Anstalt von August Schultze in Berlin, der wie so oft in dieser Zeit der Lutherdarstellung von Ernst Rietschel in Worms mit allerdings etwas fülligeren Zügen nachempfunden war.

Luther wurde „als Zeuge wider den Aberglauben und wider den Unglauben" mit starker antikatholischer Tendenz gefeiert. Die „hehre, leuchtende Heldengestalt des deutschen Reformators", die „grundehrliche, tapfere und fromme deutsche Seele" sei „nicht ohne Sünde und Schwäche wie die angemaßten ‚Heiligen' Roms" und habe sich als „unerbittlicher Kämpe wider den Irrthum" erwiesen.

**Kaiserswerth bei Düsseldorf, 1883**
*Martin Luther, Porträt auf dem Innentitel einer Biographie von Julius Disselhoff, dem Vor-*
*steher der Diakonissenanstalt Kaiserswerth, Künstler unbekannt, 1883.*
*Bestand und Foto: Bibliothek der Fliedner-Kulturstiftung Kaiserswerth*

Die Publikation erlebte bis 1929 insgesamt 25 Auflagen. Das nach dem Altarbild der Stadtkirche von Weimar (Lucas Cranach d. J., 1555) gestaltete Porträt Luthers stammt von einem unbekannten Künstler und wurde von der Xylographischen Anstalt Emil Heue, Leipzig, produziert.

**Dettingen am Albuch (Landkreis Heidenheim, Baden-Württemberg), 1891**
Peterskirche: Martin Luther, Reliefbüste aus Gips, Albert Wilhelm Gottlieb Gäckle (Stuttgart
1853 – Stuttgart 1925), 1891.
Foto: Johanna Häberle, Dettingen am Albuch

Die Reliefbüste Luthers wurde 1891 zur Rechten und etwa in Kopfhöhe des in der Kanzel predigenden Pfarrers angebracht, so dass dieser für die Gemeinde augenfällig in der Nachfolge des Reformators stand. Luther ist in der Pose des geistinspirierten Gottesmanns dargestellt. Während seine Linke die aufgeschlagene Bibel hält, geht sein Blick in die Ferne. Die Rechte liegt auf dem Herzen, um die Wahrheit seiner Worte zu beteuern. 1892 fertigte Gäckle eine korrespondierende Reliefbüste von Philipp Melanchthon, die 1893 zur Linken des Predigers ihren Platz fand.

**Berlin, 1895**
*St. Marienkirche, Karl-Liebknecht-Straße: Martin Luther, Standbild, Metall, Reste des Refor-mationsdenkmals von Paul Martin Otto (Berlin 1846 – Berlin 1893) und Robert Toberentz (Berlin 1849 – Rostock 1895), 1885–1895, Einweihung 11. Juni 1895.*
*Foto: Jörg Kuhn, Berlin*

Das Lutherdenkmal in Berlin entstand nach dem Vorbild des Reformationsdenkmals von Ernst Rietschel in Worms und gilt als eines der größten Denkmalprojekte des Deutschen Kaiserreichs in Berlin. Der ursprüngliche Standort befand sich am Neuen Markt südwestlich der Marienkirche. Luther stand erhöht in der Mitte der Anlage, zu seinen Füßen waren sechs Reformatoren dargestellt, darunter Philipp Melanchthon und Johannes Bugenhagen. Ulrich von Hutten und Franz von Sickingen bildeten den Abschluss der Treppenwangen. 1942/1943 wurden die Bronzefiguren bis auf Luther zur Metallgewinnung für die Kriegsindustrie abgebaut und vermutlich eingeschmolzen. Zudem erlitt die Anlage gegen Kriegsende einen Bombentreffer.

Ende Oktober 1989 wurde die verbliebene Lutherfigur an der Nordseite der Marienkirche auf einem eigens geschaffenen Sockel aus poliertem Granit wieder aufgestellt, nachdem sie zunächst nach Berlin-Weißensee verbracht worden war.

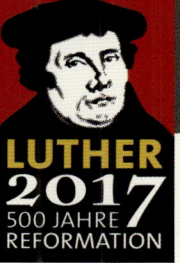

AM ANFANG
WAR DAS WORT

LUTHER
2017
500 JAHRE
REFORMATION

*Leipzig, um 1900*
*Statuette Martin Luthers auf Sockel als Spieluhr mit Melodien „Ein feste Burg" und „Lobe den Herren", Zinkguss mit Silberüberzug, um 1900.*
*Bestand und Foto: Zentralarchiv der Ev. Kirche der Pfalz Abt. 173 Nr. 114*

Derartige Spieluhren wurden unter anderem in Leipzig gefertigt. Martin Luther, dem Typus des Predigers und Kirchenvaters nachempfunden und nach dem Vorbild des Wormser Lutherdenkmals von Ernst Rietschel (1868) gestaltet, steht auf einem viereckigen Sockel. Die Luther-figur wurde in leichten Variationen, der Sockel in verschiedenen Ausführungen geliefert.

Auf der Vorderseite sind unter dem mit 1521 verknüpften Ausspruch („Hier stehe ich. Ich kann nicht anders. Gott helfe mir. Amen.") die Porträts von Ulrich von Hutten und Franz von Sickingen angebracht. Auf den anderen drei Seiten des Sockels finden sich Luthers Geburtshaus in Eisleben, die Porträts von Philipp Melanchthon und Kurfürst Friedrich dem Weisen, die Schlosskirche zu Wittenberg und die Wartburg.

Die trotzig heroische Haltung der Lutherstatuette korrespondiert mit der Melodie „Ein feste Burg", die als protestantisches Kampflied rezipiert wird. Das zur Spieluhr verniedlichte Zimmerdenkmal steht dazu in eigentümlichem Kontrast und dokumentiert die bürgerliche Aneignung des Reformators im ausgehenden 19. Jahrhundert.

133

Die Gedächtniskirche der Protestation von 1529 zu Speyer wurde 1904 48 Jahre nach Gründung eines Bauvereins eingeweiht. Der Bau wurde mit Spenden aus aller Welt gefördert. Das reichhaltige Bildprogramm der Fenster liest sich wie ein Bilderbuch des Protestantismus, wobei Motive aus der Bibel mit der Reformationsgeschichte in Beziehung gesetzt sind. Der Thesenschlag Luthers ist Teil einer Trias mit Moses und den Gesetzestafeln und der Bergpredigt. Damit werden seine Thesen zu den theologischen Glaubenszeugnissen ersten Ranges gezählt und in eine Reihe mit den biblischen Schlüsseltexten gestellt.

**Saarbrücken, 1909**
Saarbrücken-Herrensohr, Kreuzkirche: Fenster, gestiftet vom Evangelischen Frauenverein Herrensohr-Jägersfreude, Künstler unbekannt, gefertigt von der Firma Binsfeld, Trier, 1909. Foto: Thomas Ziaja, Schwalbach

Unter der ganzfigürlichen Darstellung Martin Luthers ist die Liedzeile „Ein feste Burg ist unser Gott" angebracht. Darunter befindet sich die Widmungsinschrift der Stifter. Ein weiteres Fenster der gleichen Firma zeigt Gustav II. Adolf.

## Bützow (Landkreis Rostock), 1909

*Stiftskirche: Lutherfenster, Hofdekorationsmaler Wilhelm Krause, Arendsee, vormals Wismar (Lebensdaten nicht bekannt), 1909.*
*Foto: Michael Voß, Rostocker Wulfshagen*

Das Lutherfenster wurde am 27. Januar 1909 von Landbaumeister und Geheimem Baurat Albert Prahst (Kloster Malchow 1829 – Bützow 1919) aus Anlass seines 80. Geburtstages gestiftet.

## Baden-Baden, um 1910

*Lutherkirche: Golgathadarstellung, Grisaillemalerei, Eduard Pfennig (Hamburg 1878 – Stuttgart 1952), um 1910.*
*Foto: Volker Bartholdt, Lenningen*

Die Darstellung befindet sich in einer der drei Grisaillen (Grau-in-Grau-Malerei) der Empore. Rechts unter dem Kreuz steht Luther wie ein Familienvater in einer trauernden Gruppe. Dadurch wird ein Bezug zur links stehenden trauernden Urgemeinde hergestellt und der Protestantismus als Wiederherstellung der ältesten christlichen Ansätze legitimiert.

Über der Szene mit Luther ist der Einzug in Jerusalem dargestellt, darunter die Flucht der Heiligen Familie nach Ägypten mit dem Kindermord in Bethlehem.

**Lachen-Speyerdorf (Stadt Neustadt a. d. Weinstraße), o. D. [1900–1916]**
*Martin Luther, Karl Bauer (Stuttgart 1868 – München 1942), Farbdruck, o. D. [1900–1916].*
*Bestand und Foto: Zentralarchiv der Ev. Kirche der Pfalz Abt. 173 Nr. 1022*

Luther hält die Bibel mit festem Griff vor sein Herz und fasst den Betrachter scharf ins Auge, als wolle er die Erben der Reformation prüfen, ob sie seines Werkes auch würdig seien, und sie zur Nachfolge mahnen. Das Bild von Luther als dem Gelehrten, dem Bibelübersetzer, dem Kämpfer für die Sache protestantischer Freiheit, wie Bauer es im Vorfeld des 400. Jubiläums der Reformation im Jahre 1917 und in erkennbarer Anlehnung an Cranachdarstellungen entwarf, fand fast inflationäre Verbreitung und wurde in der Folgezeit zur Vorlage für andere Künstler.

Karl Bauer galt als der populärste Luthermaler zu Beginn des 20. Jahrhunderts. Seine in der kirchlichen Kunstpresse hochgelobten Lutherbildnisse wurden zum Reformationsjubiläum 1917 in mäßiger Farbqualität preiswert und massenhaft angeboten. Als Großformat hingen sie in Pfarrhäusern und Kirchen, im kleineren Format fanden sie ihren Weg in das deutsche Bildungsbürgerhaus. Bauers Luther wurde auch als Konfirmationsschein verlegt.

### Erfurt, 1921

*Martin Luther auf einer Notgeld-Banknote aus der Serie der Stadt Erfurt, Wert 50 Pfennig, Künstler unbekannt, hier abgebildet: Motiv 1, Begrüßung Luthers in Erfurt am 7. April 1521, Verlag Otto Richters & Co, Erfurt 1921, Vorder- und Rückseite.*
*Bestand und Foto: Bettina Wischhöfer, Kassel*

Die Motive des Notgeldes wurden zur Erinnerung an die 400-jährige Wiederkehr des Tages gewählt, an dem Luther auf der Reise zum Wormser Reichstag in Erfurt weilte (7. April 1921). Rechts und links der Abbildung ist das Lutherwort aus der deutschen Auslegung des Vaterunsers von 1519 abgedruckt: „Furcht tut nichts Gutes, darum muss man frei und / mutig in allen Dingen sein und fest stehen."

Notgeld mit Luthermotiven wurde auch in anderen Städten ausgegeben wie etwa in Eisenach oder Treuenbrietzen. Es ersetzte in den Jahren 1917 bis 1923 aufgrund des Metallmangels die Münzwerte und war nur lokal und zeitlich befristet gültig.

### Hannover, 1932

*Hannover-Vahrenwald, Lukaskirche: Martin Luther und Albrecht Dürer, linker Flügel eines Altaraufsatzes, Öl auf Holz, Rudolf Schäfer (Altona, Holstein 1878 – Rotenburg an der Wümme 1961), 1932.*
*Foto: Werner Kamsker, Hannover*

Das Hauptbild des von Schäfer gestalteten Altars stellt die Anbetung der Heiligen Drei Könige dar. Sie knien wie zum Empfang der Kommunion vor Maria, die ihr Kind als Zentrum der Verehrung gleich einer Hostie in die Höhe hält und zu ihm aufschaut. Das Bild ist eine Anspielung auf Dürers berühmtes noch aus vorreformatorischer Zeit stammendes Gemälde der Anbetung von 1504, das er in kurfürstlichem Auftrag für die Schlosskirche in Wittenberg malte und das später auf Umwegen nach Florenz gelangte. Bei Dürer sitzt der Jesusknabe auf dem Schoß seiner Mutter, die ihn dadurch überragt, was Schäfer als Überhöhung im Sinne des katholischen Marienkultes verstand. Er will die Madonnenverehrung durchbrechen und die Verehrung der Hostie durch die Verehrung Christi als des lebendigen Gottes ersetzen.

Martin Luther verweist den Maler Albrecht Dürer, der durch Luther zur reinen Lehre gefunden hat, auf Christus als das Zentrum des Glaubens. Der Malerapostel Lukas gilt in der katholischen Tradition als Porträtist der Maria und gab der Malergilde seinen Namen. Dürer soll als ein neuer Lukas Christus zum Hauptgegenstand seiner Kunst machen. Vor Luther und Dürer findet sich auf einer Schrifttafel das entsprechende Wort aus Psalm 17,15: „Ich [aber] will schauen dein Antlitz in Gerechtigkeit; ich will satt werden, wenn ich erwache, an deinem Bilde."

Die Kunst in allen ihren Äußerungen dient dem Glauben, insofern sie den Menschen einen sinnlichen Zugang zu Gott eröffnet. Daher ist auf dem rechten Altarflügel Johann Sebastian Bach mit einer Gruppe von Laienmusikanten abgebildet. Auf der Altarrückseite sind Schiller und Goethe als Vertreter der Literatur zu sehen, wie sie einen protestantischen Abendmahlstisch decken.

Die Anstecknadel entstand in Massenproduktion aus Anlass des Deutschen Luthertages, der am 19. November 1933 mit einer Zentralveranstaltung in Berlin begangen wurde. Auf der Nadel sind unter dem Porträt Luthers die Jubiläumsdaten eingetragen: „1483 10. Nov." (Luthers Geburtstag) und „1933" (450. Geburtstag), darunter ist die Lutherrose eingeprägt.

## Lübeck, 1937

*Lübeck-St. Lorenz, Lutherkirche: Lutherskulptur von Fritz (Max Adolf Friedrich) Behn (Klein Grabow, Mecklenburg, 1878 – München 1970), Muschelkalk, 1938.*
*Foto: Karen Meyer-Rebentisch, Lübeck*

Wuchtig, breitbeinig und blockartig steht Martin Luther da, gleich einem Krieger-denkmal. Mit beiden Händen hat er die aufgeschlagene Bibel gepackt, in der er noch eben gelesen hat. Jetzt hat er die Arme sinken lassen, denn er ist offenbar durch die Lektüre zu einer unerschütterlichen Überzeugung gelangt. Die Sockelin-schrift „Ein feste Burg ist unser Gott" bestätigt diesen Eindruck. Entsprechend fasst Luther die Kirchenbesucher am nahen Portal wie eine Führerfigur mit erhobenem Kinn entschlossen und fordernd ins Auge.

Vor der am Reformationstag 1937 geweihten Lutherkirche verkörpert Behns Plas-tik die Auffassungen der in Lübeck besonders erfolgreichen Deutschen Christen.

Diese beanspruchten Luther als Ahn-herrn einer „artgemäßen" deutschen Frömmigkeit. In der Reformation habe eine deutsche Volksbewegung begonnen, die sich nun im National-sozialismus vollende. Als Ziel sah man ein „germanisches Christentum", das durch Abstreifen allen römischen und jüdischen Geistes erreicht und die deutsche Seele zu nie dagewese-ner Größe befreien werde.

Für Behns deutschen Luther ist die aus dem Glauben fließende kämp-ferische Haltung entscheidend. An seiner, wie man meinte, heldenhaf-ten Standfestigkeit sollten sich die Kirchgänger ein Beispiel nehmen und auf diese Weise Luther wie einer geistlichen Führerfigur Gefolgschaft leisten.

Seit 1993 steht die Lutherkirche un-ter Denkmalschutz. Sie dient seit 2014 auch als NS-Gedenkstätte der Nordkirche und erinnert insbeson-dere an Pastor Karl Friedrich Stell-brink, der 1943 mit den drei katho-lischen Lübecker Kaplänen Johannes Prassek, Hermann Lange und Eduard Müller von den Nationalsozialisten hingerichtet wurde.

## Nürnberg, 1952
*St. Lorenzkirche: Schlussstein mit Lutherporträt, Fritz Hülf (Nürnberg 1300 – Nürnberg 1981), 1952.*
*Foto: Thomas Bachmann, Bamberg*

Beim Wiederaufbau der im Zweiten Weltkrieg zerstörten St. Lorenzkirche wollte man die lutherische Tradition auch in den Motiven der Schlusssteine zum Ausdruck bringen. Als Bekenntnis der Gemeinde und in Erinnerung an Christus, den Eckstein, wurden zehn der Schlusssteine mit ursprünglich figürlichen Darstellungen neu gestaltet. Martin Luther erhielt seinen Platz im Südschiff des Chores gemeinsam mit Wilhelm Löhe, dem Vater der Diakonie in Bayern, Augustin und Franz von Assisi. Auf der anderen Seite sind Hieronymus, Christopherus, Johann Sebastian Bach und Paul Gerhardt dargestellt. Die Evangelisten Matthäus und Markus im Abschluss des Chores wurden durch Lukas und Johannes als Gruppe wieder vervollständigt.

*Lutherbriefmarke, Bundesrepublik Deutschland, Wert 15 Pfennig, Entwurf Hans Michel und Günther Kieser, Dauermarke, Tag der Ausgabe: 18.9.1961, gültig bis 31.12.1970.*
*Foto: Zentralarchiv der Ev. Kirche in Hessen und Nassau*

Die Briefmarke erschien in der Serie „Berühmte Deutsche" und hatte eine Auflage von insgesamt 2 496 600 000 Stück.

## Berlin, Hauptstadt der DDR, 1967

*Lutherbriefmarke, Deutsche Demokratische Republik, Wert 20 Pfennig, Entwurf Gerhard Stauf (Burg bei Magdeburg 1924 – Leipzig 1996), Tag der Ausgabe: 17.10.1967, gültig bis 2.10.1990.*
*Foto und Bestand: Roland Stauf, Burg bei Magdeburg*

Die Briefmarke wurde anlässlich des 450. Jahrestages der Veröffentlichung der 95 Thesen herausgegeben. Martin Luther ist mit Doktorhut dargestellt nach dem Kupferstich von Lucas Cranach d. Ä. von 1521. Die Auflage betrug 8 Millionen Stück.

145

Johannes Brenz (Weil der Stadt 1499 – Stuttgart 1570) ist der bedeutendste Reformator Württembergs und war ab 1522 Prediger in der Stadt Schwäbisch Hall, zu der Sulzdorf gehört.

Das Reformatorenfenster befindet sich in der Südwand des Kirchenschiffes und gehört zu einem Fensterzyklus von Saile, in dem neben Luther und Brenz vier altkirchliche Heilige dargestellt sind. Aufgrund der örtlichen Kirchengeschichte wird mit den Fenstern an die Heiligen St. Bartholomäus, St. Martin und St. Katharina (sämtlich Namenspatrone von Kirchen in Sulzdorf bzw. Umgebung) sowie St. Margarethe als Namensgeberin der Sulzdorfer Kirche erinnert. An der Stelle der jetzigen Kirche ist seit 1021 eine St. Margarethenkapelle belegt.

**Bethel bei Bielefeld, um 1978**
*Martin Luther, Werner Scheer (Kolberg, heute Kołobrzeg,1933 – Bethel in Bielefeld 2008),
Bethel, um 1978.
Bestand: Künstlerhaus Lydda, Bethel in Bielefeld
Foto: v. Bodelschwinghsche Stiftungen, Bethel in Bielefeld*

**Meißen, 1983**

*Martin Luther nach Lucas Cranach d. Ä. (1521, Luther mit Doktorhut), rotes Böttger-Steinzeug, Nachprägung aus Anlass des Lutherjahres nach einer Vorlage von 1521 (Gold, gefertigt von Hans Glimm und Peter Flötner), 1983.*
*Bestand und Foto: Zentralarchiv der Ev. Kirche der Pfalz Abt. 172 Nr. 6.28.*

Die Umschrift lautet: „+ HERESIbVS SI DIGNVS ERIT LVTHERVS IN VLLIS ET CRISTVS DIGNVS CRIMINIS HVIVS ERIT" (Wenn Luther den Vorwurf irgendeiner Ketzerei verdient, dann ist auch Christus dieses Verbrechen zuzuschreiben).

## Lingolsheim (Elsass)/Stuttgart, 1989

*Martin Luther im Comic, Albert Greiner (Text), Jean Retailleau (Zeichnungen), Lingolsheim und Stuttgart 1989.*
*Aus: Éditions du Signe, Lingolsheim/Frankreich (Hg.), Gestalten des Protestantismus von gestern und heute: Martin Luther (Lingolsheim, Stuttgart: Christliches Verlagshaus GmbH Stuttgart, 1989), S. 35.*

Die hier dargestellte Szene zeigt Luther im Gespräch mit Bauern am Vorabend des Bauernkrieges 1525.

**Eisenach/St. Petersburg, 1996**
Landeskirchenarchiv Eisenach: Luther mit dem Schwan, Öl auf Leinwand, W. Moshkov
(voller Name und Geburtsdatum nicht bekannt), St. Petersburg, 1996.
Bestand: Landeskirchenarchiv Eisenach.
Foto: Reiner Krieg, Eisenach

Das Bild entstand anlässlich des Lutherjahres 1996 und wurde ausweislich einer Inschrift auf der Rückseite Bischof Roland Hoffmann zur Erinnerung an die Zusammenarbeit zwischen der thüringischen Landeskirche und der St. Petersburger Kunstakademie Baron von Stieglitz gewidmet. Die Darstellung ist im Stil des 17. Jahrhunderts gehalten und basiert auf der Cranach-Schule. die Cranachsche Schule. Luther hält ein Buch in Händen, dessen aufgeschlagene Seiten die Einsetzungsworte des Heiligen Abendmahls zeigen, neben ihm liegt die Bibel. Unter dem rechts abgebildeten Kreuz verweist das Wort aus dem Römerbrief auf den Kern der lutherischen Lehre, dass der Mensch allein aus dem Glauben vor Gott gerecht wird.

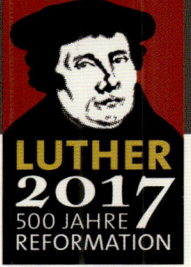

AM ANFANG
WAR DAS WORT

LUTHER
2017
500 JAHRE
REFORMATION

**München, 2003**
*Ludwig-Maximilians-Universität München: Mosaik-Postkarte und Poster „Luther in Bayern", 2003.*
*Foto: Lehrstuhl Kirchengeschichte II der Evangelisch-Theologischen Fakultät der Ludwig-Maximilians-Universität München, Prof. Dr. Harry Oelke*

Das Mosaikbild setzt sich aus etwa 250 Lutherdarstellungen zusammen. Es dokumentiert das Ergebnis des Befragungsprojekts „Lutherdarstellungen in evangelischen Kirchen Bayerns", das am Lehrstuhl von Professor Harry Oelke im Sommersemester 2003 durchgeführt wurde. Die einzelnen Lutherdarstellungen aus den Kirchen sind auf das populäre Gemälde von 1528 aus der Werkstatt des älteren Cranach montiert. Dadurch wird wiederum ein geschlossenes Luther-Porträt erzeugt. Das Bild wurde auch als Poster (DIN A3) und als Postkarte hergestellt.

*Lutherkirche: Martin Luther und Ehefrau Katharina von Bora, Mosaik nach Cranach, Holz,*
*Luis González Toussaint (Mexiko-Stadt 1965), 2008.*
*Foto: Luthergemeinde Mainz*

Das Mosaik ist unter der Empore angebracht und wurde im Auftrag der Luthergemeinde Mainz gefertigt. Es ist dem Doppelporträt von Lucas Cranach d. Ä. aus dem
Jahre 1528 nachempfunden.

*Evangelisches Augustinerkloster, Haus der Versöhnung: Der junge Martin Luther als
Mönch, Acryl auf Leinwand, Jost Heyder (Gera 1954).
Foto: Carsten Fromm, Erfurt*

Martin Luther trat 1505 in das Augustinerkloster zu Erfurt ein. Nach der Ordens-
regel war er zur täglichen Bibellektüre verpflichtet. In der Erfurter Zeit, die mit
der Versetzung nach Wittenberg 1508 endete, entwickelte Luther sein besonderes
Verhältnis zur Bibel und erwarb sich eine tiefgreifende Textkenntnis. In der Bibel
suchte er nach Antworten, die ihn als Mönch in seiner Suche nach Gerechtigkeit
vor Gott zutiefst beschäftigten. Heyder stellt Luther in einer fast mystischen Ver-
senkung in die Heilige Schrift dar, mit der er zu verschmelzen scheint.

**Dresden, 2012**
Martin Luther mit Barett als Revolutionär, von dem Grafiker Jonathan Schöpf gestaltet,
Sublogo der Evangelischen Jugend in Sachsen zur Verwendung im Rahmen des Reforma-
tionsjubiläums 2017, hier verwendet auf einem T-Shirt.
Foto: Jan Witza, Evangelische Jugend in Sachsen

Die Gestaltung und der Schriftzug „VIVA LA REFORMATION" gleichen Martin Luther
dem heute zum Popstar mutierten kubanischen Revolutionär Che Guevara an. Zugeschnitten auf einen jugendlichen Adressatenkreis, übersetzt das Bild das sozial-
revolutionäre Element der reformatorischen Botschaft plakativ und provozierend
in die Moderne. Damit gelingt es, den radikalen Anspruch auf Umgestaltung aller
Lebensverhältnisse nach Gottes Wort vor Augen zu führen.

# Auswahlbibliographie

## zusammengestellt von Andreas Kuhn

Irmgard Ackermann, Lutherdenkmale in der DDR, in: Joachim Fait (Bearb.), Martin Luther: Stätten seines Lebens und Wirkens (2., durchges. Aufl. Berlin: Henschelverlag Kunst und Gesellschaft, 1984), S. 11–134.

Ulrich Aichinger, Luther gedenken – sehen was dasteht: Ikonographie und Ikonologie am Wormser Lutherdenkmal, in: Entwurf: Konzepte, Ideen und Materialien für den Religionsunterricht [34] (2004), S. 32–41.

Kurt Aland, Martin Luther in der modernen Literatur: Ein kritischer Dokumentarbericht (Witten, Berlin: Eckart-Verlag, 1973).

Kurt Aland, Martin Luther in der modernen Literatur: Ein Beitrag zur Begegnung des Schriftstellers mit der Historie, in: Karl Lehmann (Hg.), Luthers Sendung für Katholiken und Protestanten (München, Zürich: Schnell & Steiner, 1982), S. 116–146.

Christian Albrecht, Zwischen Kriegstheologie und Krisentheologie. Zur Lutherrezeption im Reformationsjubiläum 1917, in: Hans Medick, Peer Schmidt (Hgg.), Luther zwischen den Kulturen: Zeitgenossenschaft – Weltwirkung (Göttingen: Vandenhoeck & Ruprecht, 2004), S. 482–499.

Lothar Altmann, „Hier stehe ich! Ich kann nicht anders. Gott helfe mir! Amen": Schnorr von Carolsfelds Gemälde für die Historische Galerie [des Maximilianeums München], in: Maximilianeum 7 (1995), S. 7.

Cornelis Augustijn, Das marxistische Luther-Bild 1983, in: Ferdinand van Ingen (Hg.), Luther-Bilder im 20. Jahrhundert: Symposion an der Freien Universität Amsterdam (Amsterdam: Ropoi, 1984) [Amsterdamer Beiträge zur neueren Germanistik; 19], S. 223–238.

Bernhard Bach (Bearb.), Luther und die Kunst in Bayern: Wirkungen der Reformation auf das Verhältnis von Kirche und Kunst; Ausstellung in der Bayerischen Vertretung in Bonn, 27. Oktober bis 18. November 1988 (München: Landeskirchenrat der Evangelisch-Lutherischen Kirche in Bayern, 1988).

Bernhard Bach (Hg.), Reformation und Kunst: Biblische und reformationsgeschichtliche Themen in historischen und modernen Darstellungen; aus Archiven und Kunstsammlungen der Evangelisch-Lutherischen Kirche in Bayern (Nürnberg: Landeskirchliches Archiv Nürnberg, 1999) [Ausstellungskataloge des Landeskirchlichen Archivs; 16].

Sibylle Badstübner-Gröger, Peter Findeisen, Martin Luther. Städte, Stätten, Stationen: Eine kunstgeschichtliche Dokumentation (Leipzig: Koehler & Amelang, 1983).

Richard Bärwinkel, Das Luther-Denkmal in Erfurt: Vortrag, gehalten am 21. Februar 1883 (Erfurt: Verlag des Luther-Denkmal-Vereins, 1883).

Horst Bartel, Walter Schmidt, Rudolf Grosse (Mitverf.), Das marxistische Lutherbild. Luther und die deutsche Sprache [Vorträge und Diskussionsbeiträge in der wissenschaftlichen Sitzung des Plenums der Akademie der Wissenschaften der DDR am 17. November 1983, gewidmet dem 500. Geburtstag Martin Luthers] (Berlin: Akademie-Verlag, 1984) [Sitzungsberichte der Akademie der Wissenschaften der DDR: G, Gesellschaftswissenschaften 1984; 12].

Hans-Martin Barth (Hg.), Martin Luther – Der Streit um sein Erbe. Ringvorlesung des Fachbereichs Evangelische Theologie der Philipps-Universität Marburg im Wintersemester 1983/84 (Kassel: Verlag Evangelischer Presseverband Kurhessen-Waldeck, 1984) [Monographia Hassiae; 11].

Dominik Bartmann (Hg.), Anton von Werner: Geschichte in Bildern [Ausstellung des Berliner Museums und des Deutschen Historischen Museums Berlin, Zeughaus, 7. Mai bis 27. Juli 1993] (München: Hirmer, 1993).

Karl Bauer, Luthers Aussehen und Bildnis: Eine physiognomische Plauderei (Gütersloh: Bertelsmann, 1930).

Sabine Baumann-Wilke, Die Kaiser-Wilhelm-Gedächtnis-Kirche von Egon Eiermann in West-Berlin: Entstehung und Bedeutung. Bd. 1–3 (Dissertation Hochschule für Bildende Künste Braunschweig, 1988).

Jörg Baur, Die heutige kontroverse Einschätzung Luthers im Protestantismus, in: Ludwig Markert, Karl Heinz Stahl (Hgg.), Die Reformation geht weiter: Ertrag eines Jahres (Erlangen: Verlag der Evangelisch-Lutherischen Mission, 1984), S. 231–246.

Frank Becker, Konfessionelle Nationsbilder im Deutschen Kaiserreich, in: Heinz-Gerhard Haupt, Dieter Langewiesche (Hgg.), Nation und Religion in der deutschen Geschichte (Frankfurt/Main, New York: Campus-Verlag, 2001), S. 389–418.

Frank Becker, Protestantische Euphorien: 1870/71, 1914 und 1933, in: Manfred Gailus, Hartmut Lehmann (Hgg.), Nationalprotestantische Mentalitäten: Konturen, Entwicklungslinien und Umbrüche eines Weltbildes (Göttingen: Vandenhoeck & Ruprecht, 2005) [Veröffentlichungen des Max-Planck-Instituts für Geschichte; 214], S. 19–44.

Hans-Joachim Beeskow (Mitbearb.), Martin Luther 1483 bis 1546: Katalog der Ausstellung in der Staatlichen Lutherhalle Wittenberg (Wittenberg: Staatliche Lutherhalle Wittenberg, 1984).

Harald Behrendt, Werner Tübkes Panoramabild in Bad Frankenhausen: Zwischen staatlichem Prestigeobjekt und künstlerischem Selbstauftrag (Dissertation Universität Kiel, 2002; Kiel: Ludwig, 2006) [Bau + Kunst; 10].

Arnold Erich Berger, Martin Luther in kulturgeschichtlicher Darstellung. Teil 2,2: Luther und die deutsche Kultur (Berlin: Hofmann, 1919) [Geisteshelden; 66/68].

Kornelia von Berswordt-Wallrabe (Hgg.), Kunst und Reformation: Schloß Güstrow 4. Juni – 25. Juli 1999, Staatliches Museum Schwerin (Schwerin: Staatliches Museum Schwerin, 1999).

Albrecht Beutel, Martin Luther im Urteil der deutschen Aufklärung: Beobachtungen zu einem epochalen Paradigmenwechsel, in: Zeitschrift für Theologie und Kirche 112 (2015), S. 164–191.

Barbara Beuys, Und wenn die Welt voll Teufel wär: Luthers Glaube und seine Erben. 500 Jahre Protestantismus (Reinbek bei Hamburg: Rowohlt, 1984) [Rororo; 1876].

Franz-Heinrich Beyer, Eigenart und Wirkung des reformatorisch-polemischen Flugblatts im Zusammenhang der Publizistik der Reformationszeit (Frankfurt am Main, Berlin, Bern, New York, Paris, Wien: Lang, 1994) [Mikrokosmos; 39].

Franz-Heinrich Beyer, Bilderflut: Flugblätter und illustrierte Flugschriften als Spiegel der konfessionellen Auseinandersetzung, in: Dirk Syndram, Yvonne Fritz, Doreen Zerbe (Hgg.), Luther und die Fürsten: Selbstdarstellung und Selbstverständnis des Herrschers im Zeitalter der Reformation; Teil 1: Aufsatzband (Dresden: Sandstein, 2015), S. 77–88.

Werner Beyna, Das moderne katholische Lutherbild (Essen: Ludgerus-Verlag Wingen, 1969) [Koinonia; 7].

Sibylle Biermann-Rau, An Luthers Geburtstag brannten die Synagogen. Eine Anfrage (Stuttgart: Calwer Verlag, 2012).

Sibylle Biermann-Rau, „Größter Antisemit seiner Zeit"? Luthers Judenfeindschaft und ihre Wirkung im „Dritten Reich", in: Deutsches Pfarrerblatt: Die Zeitschrift evangelischer Pfarrerinnen und Pfarrer 115 (2015), S. 627–632.

Karlheinz Blaschke, Wittenberg, die Lutherstadt (4. Aufl. Berlin: Evangelische Verlagsanstalt, 1983 [¹1977]).

Karlheinz Blaschke, Luthers Leben, Werk und Wirkung: Begleittext zur Ausstellung des Lutherkomitees der Evangelischen Kirchen in der DDR im Predigerkloster zu Erfurt (Berlin: Evangelische Verlagsanstalt, 1983).

Peter Blickle, Luther und der Bauernkrieg: Interpretationen zwischen den Gedenkjahren 1975–2017, in: Heinz Schilling (Hg.), Der Reformator Martin Luther 2017: Eine wissenschaftliche und gedenkpolitische Bestandsaufnahme (München: De Gruyter Oldenburg, 2014) [Schriften des Historischen Kollegs; Kolloquien; 92], S. 233–244.

Johannes Block (Hg.), Die wittenbergische Nachtigall: Luther im Gedicht (Leipzig: Evangelische Verlagsanstalt, 2013).

Otto Böcher, Das Wormser Luther-Denkmal, in: Ärzteblatt Rheinland-Pfalz 53 (2000), S. 293–296.

Rudolf Bösinger (Hg.), Gesucht: Der echte Luther. Alte Ansichtskarten zu Luthers Leben aus der Sammlung von Richard Meinel (Stuttgart: Steinkopf, 1982).

Susan R. Boettcher, Von der Trägheit der Memoria. Cranachs Lutheraltarbilder im Zusammenhang der evangelischen Luther-Memoria im späten 16. Jahrhundert, in: Joachim Eibach, Marcus Sandl (Hgg.), Protestantische Identität und Erinnerung: Von der Reformation bis zur Bürgerrechtsbewegung in der DDR (Göttingen: Vandenhoeck & Ruprecht, 2003) [Formen der Erinnerung; 16], S. 47–70.

Hartmut Boockmann, Vom Umgang mit Bildern – Zu den Ausstellungen des Lutherjahres, in: Claus-Jürgen Roepke (Hg.), Luther 83: Eine kritische Bilanz (München: Kaiser, 1984), S. 112–133.

Alexander von Bormann, Luther im Nationalsozialismus: Die Versöhnung von Wotan und Christus, in: Ferdinand van Ingen (Hg.), Luther-Bilder im 20. Jahrhundert: Symposion an der Freien Universität Amsterdam (Amsterdam: Ropoi, 1984) [Amsterdamer Beiträge zur neueren Germanistik; 19], S. 59–78.

Heinrich Bornkamm, Luther und der deutsche Geist: [Rede bei der Lutherfeier der Universität Gießen] (Tübingen: Mohr, 1934) [Sammlung gemeinverständlicher Vorträge und Schriften aus dem Gebiet der Theologie und Religionsgeschichte; 170].

Heinrich Bornkamm, Luther im Spiegel der deutschen Geistesgeschichte. Mit ausgewählten Texten von Lessing bis zur Gegenwart (2., neu bearb. u. erw. Aufl. Göttingen: Vandenhoeck & Ruprecht, 1970).

Heinrich Bornkamm, Luther – Gestalt und Wirkungen. Gesammelte Aufsätze (Gütersloh: Gütersloher Verlagshaus Mohn, 1975) [Schriften des Vereins für Reformationsgeschichte; 188].

Roland Bothner, Protestantisches Gedächtnisbild und allegorisches Lehrbild, in: Roland Bothner, Hermeneutische Logik des Bildes (Heidelberg: Edition Publish & Parish, 2014) [Brennpunkte der Kunstgeschichte; 3], S. 225–232.

Gerhard Bott (Hg.), Martin Luther: Sein Leben in Bildern und Texten (Frankfurt/M.: Insel-Verlag, 1983).

Gerhard Bott (Hg.), Martin Luther und die Reformation in Deutschland: Ausstellung zum 500. Geburtstag Martin Luthers. Veranstaltet vom Germanischen Nationalmuseum Nürnberg in Zusammenarbeit mit dem Verein für Reformationsgeschichte (Frankfurt/M.: Insel Verlag, 1983) [Kataloge des Germanischen Nationalmuseums].

Thomas A. Brady Jr., Luther und der deutsche Marxismus, in: Heinz Schilling (Hg.), Der Reformator Martin Luther 2017: Eine wissenschaftliche und gedenkpolitische Bestandsaufnahme (München: De Gruyter Oldenburg, 2014) [Schriften des Historischen Kollegs; Kolloquien; 92], S. 195–204.

Siegfried Bräuer, Der „Deutsche Luthertag 1933" und sein Schicksal, in: Horst Bartel, Gerhard Brendler, Hans Hübner, Adolf Laube (Hgg.), Martin Luther. Leistung und Erbe (Berlin: Akademie-Verlag, 1986) [Beiträge der internationalen wissenschaftlichen Konferenz „Martin Luther – geschichtliche Stellung und historisches Erbe", Halle/Saale 1983], S. 423–434.

Siegfried Bräuer, Martin Luther in marxistischer Sicht von 1945 bis zum Beginn der achtziger Jahre (Berlin: Evangelische Verlagsanstalt, 1983).

Siegfried Bräuer, Das Luther-Gedenkjahr 1983 und die Kirche in der DDR, in: Hans Süssmuth (Hg.), Das Luther-Erbe in Deutschland: Vermittlung zwischen Wissenschaft und Öffentlichkeit (Düsseldorf: Droste, 1985), S. 41–67.

Siegfried Bräuer, Der säkularisationsfähige Reformator: Studien zur Lutherrezeption im 20. Jahrhundert (Habilitation Kirchliche Hochschule Naumburg, 1992).

Siegfried Bräuer, Die Lutherfestwoche vom 19. bis 27. August 1933 in Eisleben: Ein Fallbeispiel en detail, in: Stefan Laube, Karl-Heinz Fix (Hgg.), Lutherinszenierung und Reformationserinnerung (Leipzig: Evangelische Verlagsanstalt, 2002) [Schriften der Stiftung Luthergedenkstätten in Sachsen-Anhalt; 2], S. 391–454.

Siegfried Bräuer, Paul Schreckenbach und der Deutscheste der Deutschen: Ein typisches Lutherbild um 1917, in: Luther: Zeitschrift der Luthergesellschaft 78 (2007), S. 165–179.

Günter Brakelmann, Der deutsche Protestantismus im Epochenjahr 1917 (Witten: Luther-Verlag, 1974) [Politik und Kirche: Studienbücher zur kirchlichen Zeitgeschichte; 1].

Günter Brakelmann, Der Kriegsprotestantismus 1870/71 und 1914–1918. Einige Anmerkungen, in: Manfred Gailus, Hartmut Lehmann (Hgg.), Nationalprotestantische Mentalitäten: Konturen, Entwicklungslinien und Umbrüche eines Weltbildes (Göttingen: Vandenhoeck & Ruprecht, 2005) [Veröffentlichungen des Max-Planck-Instituts für Geschichte; 214], S. 103–114.

Günter Brakelmann, Hitler und Luther 1933: Vortrag, gehalten am 29. Januar 2008 in der Evangelischen Stadtakademie Bochum (Norderstedt: Books on Demand, 2008).

Günter Brakelmann, Das marxistische Lutherbild [Erstveröffentlichung 1981], in: Günter Brakelmann, Martin Luther: Beiträge zu seinem Verständnis (Kamen: Spenner, 2012) [Schriften der Hans-Ehrenberg-Gesellschaft; 19], S. 212–227.

Günter Brakelmann, Lutherjubiläum 1883 [Erstveröffentlichung 1983], in: Günter Brakelmann, Martin Luther: Beiträge zu seinem Verständnis (Kamen: Spenner, 2012) [Schriften der Hans-Ehrenberg-Gesellschaft; 19], S. 228–242.

Günter Brakelmann, Das Lutherjahr 1917 [Erstveröffentlichung 1997], in: Günter Brakelmann, Martin Luther: Beiträge zu seinem Verständnis (Kamen: Spenner, 2012) [Schriften der Hans-Ehrenberg-Gesellschaft; 19], S. 250–274.

Günter Brakelmann, Luther und die Juden [Erstveröffentlichung 2011], in: Günter Brakelmann, Martin Luther: Beiträge zu seinem Verständnis (Kamen: Spenner, 2012) [Schriften der Hans-Ehrenberg-Gesellschaft; 19], S. 176–202.

Günter Brakelmann, Protestantismus im Epochenjahr 1917 und im Revolutionsjahr 1918, in: Thomas K. Kuhn, Katharina Kunter (Hgg.), Reform – Aufklärung – Erneuerung: Transformationsprozesse im neuzeitlichen und modernen Christentum; Festschrift zum 80. Geburtstag von Martin Greschat (Leipzig: Evangelische Verlagsanstalt, 2014), S. 164–181.

Heinz-Hermann Brandhorst, Lutherrezeption und bürgerliche Emanzipation. Studien zum Luther- und Reformationsverständnis im deutschen Vormärz (1815–1848) unter besonderer Berücksichtigung Ludwig Feuerbachs (Dissertation Universität Göttingen, 1979; Göttingen: Vandenhoeck & Ruprecht, 1981) [Göttinger theologische Arbeiten, 20].

Veronika Braunfels (Bearb.), Mit Luther durch die Kunstsammlungen; Kunstsammlungen der Veste Coburg: Ein Führer zu den Luther-Zeugnissen in den Kunstsammlungen der Veste Coburg (Coburg: Kunstsammlungen der Veste Coburg, 1996).

Martin Brecht, Der Zusammenhang von Luthers reformatorischer Entdeckung und reformatorischem Programm als ökumenisches Problem, in: Karl Lehmann (Hg.), Luthers Sendung für Katholiken und Protestanten (München, Zürich: Schnell & Steiner, 1982), S. 11–30.

Konrad Breitenborn, Zwei „Deutsche Eichen" – Bismarcks 100. Geburtstag 1915 und das Reformationsjubiläum 1917 im Zeichen des Ersten Weltkrieges, in: Investitions- und Marketinggesellschaft Sachsen-Anhalt in Zusammenarbeit mit der Martin-Luther-Universität Halle-Wittenberg und der Otto-von-Guericke-Universität Magdeburg (Hg.), Lutherland Sachsen-Anhalt (Halle/Saale: Mitteldeutscher Verlag, 2015), S. 301–327.

Bodo Brinkmann (Hg.), Cranach der Ältere: anlässlich der Ausstellung Cranach der Ältere, Städel-Museum Frankfurt am Main, 23. November 2007 bis 17. Februar 2008, Royal Academy of Arts, London, 8. März bis 8. Juni 2008 (Ostfildern: Hatje Cantz, 2007).

Thomas Brockmann, Vorbild, Lehrer, Prophet der letzten Zeit: Luthermemoria und Lutherrezeption 1546–1617, in: Historisches Jahrbuch 129 (2009), S. 35–64.

Johannes Brosseder, Luthers Stellung zu den Juden im Spiegel seiner Interpreten: Interpretation und Rezeption von Luthers Schriften und Äußerungen zum Judentum im 19. und 20. Jahrhundert vor allem im deutschsprachigen Raum (Dissertation Universität München, 1971; München: Hueber, 1972) [Beiträge zur ökumenischen Theologie; 8].

Johannes Brosseder, Luther-Bilder in der Buchliteratur zum Jubiläumsjahr 1983, in: Hans Süssmuth (Hg.), Das Luther-Erbe in Deutschland: Vermittlung zwischen Wissenschaft und Öffentlichkeit (Düsseldorf: Droste, 1985), S. 252–274.

Wolfgang Brückner (Hg.), Volkserzählung und Reformation: Ein Handbuch zur Tradierung und Funktion von Erzählstoffen und Erzählliteratur im Protestantismus (Berlin: Schmidt, 1974).

Wolfgang Brückner, Die lutherische Gattung evangelischer Bekenntnisbilder und ihre ikonographischen Ableitungen der Gnade vermittelnden Erlösungs- und Sakramentslehre, in: Frank Büttner, Gabriele Wimböck (Hgg.), Das Bild als Autorität: Die normierende Kraft des Bildes (Münster: LIT, 2004) [Kongress München, 28.2.–1.3. 2002] [Pluralisierung und Autorität; 4], S. 303–341.

Wolfgang Brückner, Luther–Heiliger Mann oder falscher Prophet? Legende und Antilegende zwischen 1517 und 1630, in: Michael Neumann (Hg.), Mythen Europas: Schlüsselfiguren der Imagination, Band 4: Renaissance (Regensburg: Friedrich Pustet, 2006), S. 36–57.

Wolfgang Brückner, Lutherische Bekenntnisgemälde des 16. bis 18. Jahrhunderts: Die illustrierte Confessio Augustana (Regensburg: Schnell & Steiner, 2007) [Adiaphora; 6].

Enno Bünz, Stefan Rhein, Günther Wartenberg (Hgg.), Glaube und Macht: Theologie, Politik und Kunst im Jahrhundert der Reformation (Leipzig: Evangelische Verlagsanstalt, 2005) [Schriften der Stiftung Luthergedenkstätten in Sachsen-Anhalt; 5].

Dominik Burkard, Bildersturm? Die Reformation(en) und die Bilder, in: Erich Garhammer (Hg.), BilderStreit: Theologie auf Augenhöhe (Würzburg: Echter, 2007) [Würzburger Theologie; 3], S. 115–140.

Johannes Burkhardt, Reformations- und Lutherfeiern. Die Verbürgerlichung der reformatorischen Jubiläumskultur, in: Dieter Düding, Peter Friedemann, Paul Münch (Hgg.), Öffentliche Festkultur. Politische Feste in Deutschland von der Aufklärung bis zum Ersten Weltkrieg (Reinbek bei Hamburg: Rowohlt, 1988) [Rowohlts Enzyklopädie; 462], S. 212–236.

Johannes Burkhardt, Das Reformationsjahrhundert: Deutsche Geschichte zwischen Medienrevolution und Institutionenbildung 1517–1617 (Stuttgart: W. Kohlhammer, 2002).

Peter Burschel, Das Monster. Katholische Luther-Imagination im 16. Jahrhundert, in: Hans Medick, Peer Schmidt (Hgg.), Luther zwischen den Kulturen: Zeitgenossenschaft – Weltwirkung (Göttingen: Vandenhoeck & Ruprecht, 2004), S. 33–48.

Hansjörg Buss, Der Deutsche Luthertag 1933 und die Deutschen Christen, in: Kirchliche Zeitgeschichte 26 (2013), S. 272–288.

Marianne Carbonnier-Burkard, Die Reformationsjubiläen: Protestantische Konstruktionen (17.–20. Jahrhundert), in: Petra Bosse-Huber, Serge Fornerod, This Gundlach, Gottfried Locher (Hgg.), 500 Jahre Reformation: Bedeutung und Herausforderungen. Internationaler Kongress der EKD und des SEK auf dem Weg zum Reformationsjubiläum 2017 vom 6. bis 10. Oktober 2013 in Zürich [Internationaler Kongress zum Reformationsjubiläum 2017] (Zürich: Theologischer Verlag; Leipzig: Evangelische Verlagsanstalt, 2014), S. 217–235.

Helmut Caspar, Schadows Blücherdenkmal in Rostock und Martin Luther in Wittenberg (Berlin: Schadow-Gesellschaft Berlin, 2003) [Schriftenreihe der Schadow-Gesellschaft; 5].

Gérald Chaix, Die Reformation, in: Etienne François, Hagen Schulze (Hgg.), Deutsche Erinnerungsorte, Band 2 (München: C.H. Beck, 2001), S. 9–27.

Harm Cordes, Ernst Salomon Cyprian als Chronist des Reformationsjubiläums von 1717, in: Klaus Tanner (Hg.), Konstruktion von Geschichte: Jubelrede – Predigt – protestantische Historiographie (Leipzig: Evangelische Verlagsanstalt, 2012) [Leucorea-Studien zur Geschichte der Reformation und der Lutherischen Orthodoxie; 18], S. 89–104.

Horst Dähn, Joachim Heise, Luther und die DDR: Der Reformator und das DDR-Fernsehen 1983 (Berlin: Edition Ost, 1996).

Horst Dähn, Martin Luther und die Reformation in der Geschichtswissenschaft der DDR, in: Stefan Laube, Karl-Heinz Fix (Hgg.), Lutherinszenierung und Reformationserinnerung (Leipzig: Evangelische Verlagsanstalt, 2002) [Schriften der Stiftung Luthergedenkstätten in Sachsen-Anhalt; 2], S. 373–390.

Marion Dammaschke, Gegen das „politische Papstthum": Studie zur Wirkungsgeschichte Martin Luthers in der deutschen Frühaufklärung (Dissertation Humboldt-Universität Berlin, 1984).

Christian Danz, Rochus Leonhardt (Hgg.), Erinnerte Reformation: Studien zur Luther-Rezeption von der Aufklärung bis zum 20. Jahrhundert. [Udo Kern zum 65. Geburtstag] (Berlin, New York: de Gruyter, 2008) [Theologische Bibliothek Töpelmann; 143].

Jean Darquenne, Eine Schraub-Medaille auf das 200jährige Jubiläum der Confessio Augustana, in: Monatshefte für evangelische Kirchengeschichte des Rheinlandes 30 (1981), S. 193–197.

Bernhard Decker, Reformatoren–nicht von Pappe: Martin Luther und die Bildpropaganda des Albert von Soest in Pappmaché, in: Anzeiger des Germanischen Nationalmuseums (2011), S. 9–33.

Deutsches Historisches Museum, Verein für Reformationsgeschichte, Staatliche Geschäftsstelle „Luther 2017" (Hgg.), Wem gehört Luther? (Halle/Saale: Mitteldeutscher Verlag, 2015) [Beiträge des Symposiums „Wem gehört Luther?", Berlin 2014].

Theo Dieter, Wolfgang Thönissen (Hgg.), Vom Konflikt zur Gemeinschaft: Gemeinsames lutherisch-katholisches Reformationsgedenken im Jahr 2017; Bericht der Lutherisch, Römisch-Katholischen Kommission für die Einheit (Leipzig: Evangelische Verlagsanstalt; Leipzig: Bonifatius, 2013).

Reinhard Dithmar, Lutherdenkmäler (Weimar: Wartburg-Verlag, 2014).

Hans Joachim Dörger, Schlecht vorbereitet–lieblos arrangiert. Luther in den Medien, in: Claus-Jürgen Roepke (Hg.), Luther 83: Eine kritische Bilanz (München: Kaiser, 1984), S. 97–111.

Elisabeth Doerk (Hg.), Reformatio in Nummis: Luther und die Reformation auf Münzen und Medaillen: Katalog zur Sonderausstellung auf der Wartburg, 4. Mai bis 31. Oktober 2014 (Regensburg: Schnell & Steiner, 2014).

Hermann Dörries, Luther und Deutschland (Tübingen: Mohr, 1934).

Annette Dorgerloh, „Dem Mute Luthers folgen". Luther-Rezeption, Kirche und Kunst in der Spätphase der DDR, in: Joachim Eibach, Marcus Sandl (Hgg.), Protestantische Identität und Erinnerung: Von der Reformation bis zur Bürgerrechtsbewegung in der DDR (Göttingen: Vandenhoeck & Ruprecht, 2003) [Formen der Erinnerung; 16], S. 233–254.

Stefan Dornheim, Zeitkonstruktionen und Erinnerungsformen im lutherischen Pfarrhaus der Frühen Neuzeit (1550–1800), in: Klaus Tanner (Hg.), Konstruktion von Geschichte: Jubelrede – Predigt – protestantische Historiographie (Leipzig: Evangelische Verlagsanstalt, 2012) [Leucorea-Studien zur Geschichte der Reformation und der Lutherischen Orthodoxie; 18], S. 213–236.

Claudia Drese, „Es ist nicht genug, daß wir uns der durch Lutherum geschehenen Reformation rühmen…" – Zur Geschichtsanschauung im kirchlichen Pietismus, in: Klaus Tanner (Hg.), Konstruktion von Geschichte: Jubelrede – Predigt – protestantische Historiographie (Leipzig: Evangelische Verlagsanstalt, 2012) [Leucorea-Studien zur Geschichte der Reformation und der Lutherischen Orthodoxie; 18], S. 105–116.

Ulrich Duchrow, Wolfgang Huber, Louis Reith (Hgg.), Umdeutungen der Zweireichelehre Luthers im 19. Jahrhundert (Gütersloh: Gütersloher Verlagshaus Mohn, 1975) [Texte zur Kirchen- und Theologiegeschichte; 21].

Hans Düfel, Das Lutherjubiläum 1883, in: Zeitschrift für Kirchengeschichte 95 (1984), S. 1–94.

Jörg Echternkamp, „Religiöses Nationalgefühl" oder „Frömmelei der Deutschtümler"? Religion, Nation und Politik im Frühnationalismus, in: Heinz-Gerhard Haupt, Dieter Langewiesche (Hgg.), Nation und Religion in der deutschen Geschichte (Frankfurt/Main, New York: Campus-Verlag, 2001), S. 142–169.

Mark U. Edwards, Printing, Propaganda, and Martin Luther (Berkeley, Los Angeles, London: University of California Press, 1994).

Helmuth Egelkraut, Pietismus und Reformation, in: Kurt Heimbucher (Hg.), Luther und der Pietismus: An alle, die mit Ernst Christen sein wollen (Gießen, Basel: Brunnen-Verlag, 1983), S. 214–228.

Hardy Eidam, Gerhard Seib (Hgg.), „Er fühlt der Zeiten ungeheuren Bruch und fest umklammert er sein Bibelbuch…": Zum Lutherkult im 19. Jahrhundert (Berlin: Schelzky & Jeep, 1996).

Holger Ehmke (Hg.), Martin Luther heute (Bonn: Bundeszentrale für Politische Bildung, 1983) [Themenheft; 3].

Johannes Ehrmann, Luther, Türken und Islam: Eine Untersuchung zum Türken- und Islambild Martin Luthers (1515–1546) (Habilitation Universität Heidelberg, 2005; Gütersloh: Gütersloher Verlagshaus, 2008) [Quellen und Forschungen zur Reformationsgeschichte; 80].

Frédéric Elsig, Die Rolle der satirischen Darstellung im Zeitalter der Reformation und Konfessionalisierung, in: Petra Bosse-Huber, Serge Fornerod, This Gundlach, Gottfried Locher (Hgg.), 500 Jahre Reformation: Bedeutung und Herausforderungen. Internationaler Kongress der EKD und des SEK auf dem Weg zum Reformationsjubiläum 2017 vom 6. bis 10. Oktober 2013 in Zürich [Internationaler Kongress zum Reformationsjubiläum 2017] (Zürich: Theologischer Verlag; Leipzig: Evangelische Verlagsanstalt, 2014), S. 236–246.

Michael Embach, Das Lutherbild Johann Gottfried Herders (Dissertation Universität Trier, 1986; Frankfurt am Main, Bern, New York, Paris: Lang, 1987) [Trierer Studien zur Literatur; 14].

Roland Enke (Hg.), Lucas Cranach der Jüngere: Entdeckung eines Meisters (München: Hirmer, 2015).

Walter Euchner, Marxistische Luther-Interpretationen, in: Geschichte in Wissenschaft und Unterricht 36 (1985), S. 831.

Evangelisch-Sozialer Preßverband für die Provinz Sachsen (Hg.), Was Luther uns heute noch ist! Eine Sammlung von zeitgenössischen Original-Aussprüchen, Abhandlungen und Gedichten im 400. Gedächtnisjahr der Reformation 1917 (Halle: Evangelisch-Sozialer Preßverband für die Provinz Sachsen, 1917).

Heinrich Fausel, Luther und die deutsche Nation (München: Kaiser, 1935) [Bekennende Kirche; 24].

Johannes Ficker, Die Bildnisse Luthers aus der Zeit seines Lebens, in: Lutherjahrbuch 16 (1934), S. 103–161.

Michael Fischer, Demokratische, nationale und liberale Deutungen: Das Lutherlied „Ein feste Burg ist unser Gott" im 19. Jahrhundert, in: Volker Gallé (Hg.), Ein neues Lied wir heben an: Die Lieder Martin Luthers und die dichterisch-musikalische Wirkung der Reformation [Tagung am 1. September 2012 in Worms] (Worms: Wormsverlag, 2013), S. 81–96.

Michael Fischer, Zur lyrischen Rezeption des Lutherliedes „Ein feste Burg ist unser Gott" im Ersten Weltkrieg, in: Nicolas Detering, Michael Fischer, Aibe-Marlene Gerdes (Hgg.), Populäre Kriegslyrik im Ersten Weltkrieg (Münster, New York, München, Berlin: Waxmann, 2013) [Populäre Kultur und Musik; 7], S. 67–95.

Michael Fischer, Religion, Nation, Krieg: Der Lutherchoral „Ein feste Burg ist unser Gott" zwischen Befreiungskriegen und Erstem Weltkrieg (Dissertation Universität Bielefeld, 2013; Münster, New York: Waxmann, 2014) [Populäre Kultur und Musik; 11].

Alexander Fleischauer, „Die Enkel fechten's besser aus". Thomas Müntzer und die Frühbürgerliche Revolution – Geschichtspolitik und Erinnerungskultur in der DDR (Dissertation Universität Tübingen, 2009; Münster: Aschendorff, 2010).

Dirk Fleischer, Protestantische Kirchengeschichtsschreibung im Zeitalter der Aufklärung, in: Klaus Tanner (Hg.), Konstruktion von Geschichte: Jubelrede – Predigt – protestantische Historiographie (Leipzig: Evangelische Verlagsanstalt, 2012) [Leucorea-Studien zur Geschichte der Reformation und der Lutherischen Orthodoxie; 18], S. 117–140.

Walter Fleischmann-Bisten, Die Reformations- und Lutherjubiläen in freikirchlicher Rezeption, in: Volker Spangenberg (Hg.), Luther und die Reformation aus freikirchlicher Sicht (Göttingen: V & R Unipress, 2013) [Kirche–Konfession–Religion; 59], S. 171–190.

Jutta Fliege (Bearb.), Martin Luther: 1483–1546; Ausstellung der Staatsbibliothek zu Berlin Preußischer Kulturbesitz, 29. Februar–13. April 1996 (Wiesbaden: Reichert, 1996) [Staatsbibliothek zu Berlin: Ausstellungskataloge; N.F. 15].

Wolfgang Flügel, Reformationsgedenken im Zeichen des Vormärz – Die Konflikte um das Confessio Augustana-Jubiläum in Leipzig 1830, in: Stefan Laube, Karl-Heinz Fix (Hgg.), Lutherinszenierung und Reformationserinnerung (Leipzig: Evangelische Verlagsanstalt, 2002) [Schriften der Stiftung Luthergedenkstätten in Sachsen-Anhalt; 2], S. 127–144.

Wolfgang Flügel, Konfession und Jubiläum: Zur Institutionalisierung der lutherischen Gedenkkultur in Sachsen 1617–1830 (Dissertation Technische Universität Dresden, 2004–2005; Leipzig: Leipziger Universitätsverlag, 2005) [Schriften zur sächsischen Geschichte und Volkskunde; 14].

Wolfgang Flügel, Zeitkonstrukte im Reformationsjubiläum, in: Winfried Müller u.a. (Hg.), Das historische Jubiläum: Genese, Ordnungsleistung und Inszenierungsgeschichte eines institutionellen Mechanismus (Münster: Lit, 2004) [Geschichte – Forschung und Wissenschaft; 3], S. 77–99.

Wolfgang Flügel, Konkurrenz um Reformation und Luther: Die Konfessionsjubiläen der Kirchen und der SED in den Jahren 1967 und 1983, in: Klaus Tanner, Jörg Ulrich (Hgg.), Spurenlese – Reformationsvergegenwärtigung als Standortbestimmung (1717–1983) (Leipzig: Evangelische Verlagsanstalt, 2012) [Leucorea-Studien zur Geschichte der Reformation und der Lutherischen Orthodoxie; 17], S. 239–285.

Wolfgang Flügel, Der legendäre Thesenanschlag hatte seine eigene Wirkungsgeschichte. Eine Geschichte des Reformationsjubiläums, in: Kirchenamt der Evangelischen Kirche in Deutschland (EKD) (Hg.), Perspektiven 2017: Ein Lesebuch. Luther 2017 – 500 Jahre Reformation (Frankfurt/M.: Hansisches Druck- und Verlagshaus, 2013), S. 38–45.

Wolfgang Flügel, „Ein feste Burg ist unser Gott": Luther im Weltkrieg und das Reformationsjubiläum 1917, in: Hans-Peter Lühr (Hg.), Dresden im Ersten Weltkrieg (Dresden: Dresdner Geschichtsverein, 2014) [Dresdner Hefte; 119], S. 59–68.

Günter Frank (Hg.), Maria Lucia Weigel (Bearb.), Grafik im Melanchthonhaus: [Bestandskatalog der druckgraphischen Sammlung] (Heidelberg, Ubstadt-Weiher, Basel: Verlag Regionalkultur, 2003).

Inge Frese, Joachim Datow, Martin Luther und seine Zeit auf Münzen und Medaillen (Schwetzingen: Schimper, 1983) [Schriftenreihe der Numismatischen Gesellschaft Heidelberg; 2].

Friedrich-Ebert-Stiftung (Hg.), Martin Luther, Ahnherr der DDR? Zu seinem 500. Geburtstag (Bonn: Verlag Neue Gesellschaft, 1983).

Martin Friedrich, Das Wormser Lutherfest von 1868, in: Zeitschrift für Theologie und Kirche 96 (1999), S. 384–404.

Yvonne Fritz, Dirk Syndram (Hgg.), Das Wort im Bild: Biblische Darstellungen an Prunkwaffen und Kunstgegenständen der Kurfürsten von Sachsen zur Reformationszeit (Dresden: Sandstein, 2014).

Yvonne Fritz, Gesetz und Evangelium: Biblische Geschichten als Bildformel zur didaktischen Vermittlung der Rechtfertigungslehre Luthers und des rechten Glaubens, in: Yvonne Fritz, Dirk Syndram (Hgg.), Das Wort im Bild: Biblische Darstellungen an Prunkwaffen und Kunstgegenständen der Kurfürsten von Sachsen zur Reformationszeit (Dresden: Sandstein, 2014), S. 19–22.

Vera Frowein-Ziroff, Die Kaiser-Wilhelm-Gedächtniskirche: Entstehung und Bedeutung (Berlin: Mann, 1982) [Die Bauwerke und Kunstdenkmäler von Berlin; Beiheft 9].

Emil Fuchs, Luthers deutsche Sendung (Tübingen: Mohr, 1917) [Religionsgeschichtliche Volksbücher für die deutsche christliche Gegenwart; 25].

Thomas Fuchs, Reformation als Erinnerungsrevolution. Erinnerungsstrategien der reformatorischen Bewegung, in: Klaus Tanner (Hg.), Konstruktion von Geschichte: Jubelrede – Predigt – protestantische Historiographie (Leipzig: Evangelische Verlagsanstalt, 2012) [Leucorea-Studien zur Geschichte der Reformation und der Lutherischen Orthodoxie; 18], S. 15–28.

Rainer Fuhrmann, Das Reformationsjubiläum 1817: Martin Luther und die Reformation im Urteil der protestantischen Festpredigt des Jahres 1817 (Dissertation Universität Tübingen, 1973).

Albrecht Geck, „Luther als Persönlichkeit": Die Lutherbildnisse Karl Bauers (1868–1942) und das Selbstverständnis des Protestantismus in der ersten Hälfte des 20. Jahrhunderts, in: Journal for the History of Modern Theology – Zeitschrift für neuere Theologiegeschichte 18 (2011), S. 251–280.

Albrecht Geck, Von Cranach zur BILD-Zeitung: 500 Jahre Wandlungen des Lutherbildnisses als Spiegel der Kirchen- und Kulturgeschichte, in: Elisabeth Doerk (Hg.), Reformatio in Nummis: Luther und die Reformation auf Münzen und Medaillen: Katalog zur Sonderausstellung auf der Wartburg, 4. Mai bis 31. Oktober 2014 (Regensburg: Schnell & Steiner, 2014), S. 78–103.

Viktor Gernhard (Hg.), Ruhmesblätter deutscher Geschichte (München: DSZ-Verlag, 1997).

Helmut Gier, Zur Rezeption Luthers und den kirchlichen Jubiläumsfeiern in Augsburg, in: Helmut Gier, Reinhard Schwarz (Hgg.), Reformation und Reichsstadt: Luther in Augsburg; Ausstellung der Staats- und Stadtbibliothek Augsburg in Zusammenarbeit mit der Evangelisch-Lutherischen Gesamtkirchengemeinde Augsburg im 450. Gedenkjahr von Luthers Tod, 28. April bis 11. August 1996; Katalog (Augsburg: Wissner, 1996), S. 134–139.

Günther Bernd Ginzel, Martin Luther: „Kronzeuge des Antisemitismus", in: Heinz Kremers, Leonore Siegele-Wenschkewitz, Bertold Klappert (Hgg.), Die Juden und Martin Luther – Martin Luther und die Juden: Geschichte, Wirkungsgeschichte, Herausforderung (2. Aufl. Neukirchen-Vluyn: Neukirchener Verlag, 1987), S. 189–210. Zuerst in: Ludwig Markert, Karl Heinz Stahl (Hgg.), Die Reformation geht weiter: Ertrag eines Jahres (Erlangen: Verlag der Evangelisch-Lutherischen Mission, 1984), S. 130–150.

Hermann Glaser, Karl Heinz Stahl (Hgg.), Luther gestern und heute: Texte zu einer deutschen Gestalt (Frankfurt/M.: Fischer-Taschenbuch-Verlag, 1983) [Fischer-Taschenbücher; 3477].

Annette Göhres (Hg.), Als Jesus „arisch" wurde: Kirchen, Christen, Juden in Nordelbien 1933–1945. Die Ausstellung in Kiel (Bremen: Edition Temmen, 2003).

Günter Goldbach, Hansgeorg Loebel, Lutherstätten in Deutschland (Hannover: Niedersächsische Landeszentrale für Politische Bildung, 1982).

Wilhelm Gräb, Take Away Luther: Ottmar Hörls Kunstaktion auf dem Marktplatz in Wittenberg, in: Kunst und Kirche: Ökumenische Zeitschrift für zeitgenössische Kunst und Architektur 73 (2010), S. 62–63.

Friedrich Wilhelm Graf, Die Sicht der Reformation im neuzeitlichen Protestantismus, in: Deutsches Historisches Museum, Verein für Reformationsgeschichte, Staatliche Geschäftsstelle „Luther 2017" (Hgg.), Wem gehört Luther? (Halle/Saale: Mitteldeutscher Verlag, 2015) [Beiträge des Symposiums „Wem gehört Luther?", Berlin 2014], S. 53–71.

François und Albert Greiner (Text), Jean Retailleau (Zeichnungen), Martin Luther (Stuttgart: Christliches Verlagshaus, 1995).

Martin Greschat, Der Held der Nation. Die Gestalt Luthers im Kaiserreich, in: Martin Greschat, Günther Lottes (Hgg.), Luther in seiner Zeit: Persönlichkeit und Wirken des Reformators (Stuttgart, Berlin, Köln: Kohlhammer, 1997), S. 107–126.

Carola Bettina Gries, Eduard von Gebhardt: Ein protestantischer Historienmaler im 19. Jahrhundert (Dissertation Technische Hochschule Aachen, 1994; Aachen: Mainz, 1995).

Hartmann Grisar, Der deutsche Luther im Weltkrieg und in der Gegenwart: Geschichtliche Streifzüge (Augsburg: Haas & Grabherr, 1924).

Friedrich Gross, Wahrheit und Wirklichkeit: Protestantische Bildkunst und Realismus im weltanschaulichen Widerstreit des 19. Jahrhunderts, in: Werner Hofmann (Hg.), Luther und die Folgen für die Kunst: Hamburger Kunsthalle, 11. November – 8. Januar 1984 [Ausstellungskatalog] (München: Prestel, 1983), S. 476–481.

Friedrich Gross, Jesus, Luther und der Papst im Bilderkampf 1871 bis 1918. Zur Malereigeschichte der Kaiserzeit (Dissertation Universität Hamburg, 1982; Marburg: Jonas-Verlag, 1989).

Heiner Grote, Das Luther-Bild auf katholischen Kleintagungen und in Bistumsblättern im Jahre 1983, in: Hans Süssmuth (Hg.), Das Luther-Erbe in Deutschland: Vermittlung zwischen Wissenschaft und Öffentlichkeit (Düsseldorf: Droste, 1985), S. 301–323.

Ilonka van Gülpen, Der deutsche Humanismus und die frühe Reformations-Propaganda 1520–1526: Das Lutherporträt im Dienst der Bildpublizistik (Dissertation Universität Frankfurt/M., 2001; Hildesheim, Zürich, New York: Olms, 2002) [Studien zur Kunstgeschichte; 144].

Thies Gundlach, Am Anfang war die Freiheit – Reformationsjubiläum 2017, in: Petra Bosse-Huber, Serge Fornerod, This Gundlach, Gottfried Locher (Hgg.), 500 Jahre Reformation: Bedeutung und Herausforderungen. Internationaler Kongress der EKD und des SEK auf dem Weg zum Reformationsjubiläum 2017 vom 6. bis 10. Oktober 2013 in Zürich [Internationaler Kongress zum Reformationsjubiläum 2017] (Zürich: Theologischer Verlag; Leipzig: Evangelische Verlagsanstalt, 2014), S. 321–333.

Mirko Gutjahr, „Non cultus est, sed memoriae gratia" – Hinterlassenschaften Luthers zwischen Reliquien und Relikten, in: Harald Meller (Hg.), Fundsache Luther: Archäologen auf den Spuren des Reformators [Begleitband zur Landesausstellung „Fundsache Luther" im Landesmuseum für Vorgeschichte Halle (Saale) vom 31. Oktober 2008 bis 26. April 2009] (Stuttgart: Theiss, 2008), S. 100–107.

Ludwig Hagemann, Martin Luther und der Islam (Altenberg: Verlag für Christlich-Islamisches Schrifttum, 1983) [Abhandlungen; 2].

Werner Hager, Geschichte in Bildern: Studien zur Historienmalerei des 19. Jahrhunderts (Hildesheim, Zürich, New York: Olms, 1989).

Volker Härtig (Hg.), Luther auf dem Neuen Markt: Das Luther-Denkmal an der Marienkirche (Berlin: Stiftung Denkmalschutz Berlin, 2009) [Denkmalspiegel, Jg. 7, Spezial].

Klaus Harlinghausen, Gerhard Seib, Jutta Terlau (Hgg.), Luther im Porträt: Druckgrafik 1550–1900 [Ausstellungskatalog] (Marburg/Lahn: Jonas Verlag für Kunst und Literatur, 1983).

Wolfgang Harms (Hg.), Illustrierte Flugblätter aus den Jahrhunderten der Reformation und der Glaubenskämpfe: 24. Juli – 31. Oktober 1983, Kunstsammlungen der Veste Coburg, Coburger Landesstiftung (Coburg: Kunstsammlungen der Veste Coburg, 1983).

Justus Hashagen, Martin Luther und die deutsche Reformation. Mit einem Geleit-wort von Kirchenminister und Landesbischof von Hamburg Simon Schöffel und der Wittenberger Rede des Reichsministers Wilhelm Frick (Hamburg: Hartung, 1934).

Christian Hecht, Das lutherische Rechtfertigungsbild, in: Christian Hecht, Katholi-sche Bildertheologie der frühen Neuzeit: Studien zu Traktaten von Johannes Mola-nus, Gabriele Paleotti und anderen Autoren (Dissertation Universität Passau, 1994; Berlin: Gebrüder Mann, 2012), S. 299–305.

Wolfgang Hecht, „…ein Genie sehr bedeutender Art“: Goethes Lutherbild und sei-ne Wandlungen, in: Impulse: Aufsätze, Quellen, Berichte zur deutschen Klassik und Romantik 7 (1984), S. 95–116.

Jean-Luc Hée, L'instrumentalisation de Hutten et de Luther dans l'écriture révoluti-onnaire et antirévolutionnaire entre 1815 et 1848, in: Geoffroy Rémi, Patricia Des-roches-Viallet (Hgg.), Écritures de la révolution dans les pays de langue allemande (Saint-Étienne: Publications de l'Université de Saint-Étienne, 2003), S.161–171.

Markus Hein, Lutherrezeption in den Predigten und Ansprachen bei den Refor-mationsfeierlichkeiten in Sachsen im 19. Jahrhundert, in: Stefan Laube, Karl-Heinz Fix (Hgg.), Lutherinszenierung und Reformationserinnerung (Leipzig: Evangelische Verlagsanstalt, 2002) [Schriften der Stiftung Luthergedenkstätten in Sachsen-An-halt; 2], S. 145–164.

Susanne Heine (Hg.), Europa in der Krise der Neuzeit: Martin Luther – Wandel und Wirkung seines Bildes (Wien, Köln, Graz: Böhlau, 1986).

Alexander Heintzel, Propaganda im Zeitalter der Reformation: Persuasive Kom-munikation im 16. Jahrhundert (Dissertation Universität Mainz, 1997; St. Augustin: Gardez!-Verlag, 1998) [Publizistik im Gardez!; 1].

Dietrich Hellmund, „Unter die Lupe genommen“: Martin Luther – Die Welt der Refor-mation auf den Briefmarken der Welt (München: Claudius; Aschaffenburg: Pattloch, 1983).

Christine Helmer, Bo Kristian Holm (Hgg.), Transformations in Luther's Theology: Historical and Contemporary Reflections. Conference „Reformation Theology: Re-ception and Transformation", Aarhus 2009 (Leipzig: Evangelische Verlagsanstalt, 2011) [Arbeiten zur Kirchen- und Theologiegeschichte; 32].

Dieter Hensing, Der Bilder eigner Geist. Das schwierige Verhältnis der Lutherbilder zu ihrem Gegenstand, in: Ferdinand van Ingen (Hg.), Luther-Bilder im 20. Jahrhun-dert: Symposion an der Freien Universität Amsterdam (Amsterdam: Ropoi, 1984) [Amsterdamer Beiträge zur neueren Germanistik; 19], S. 1–26.

Rudolf Hermann, Luthers geschichtliche und theologische Bedeutung als Gegen-wartsproblem, in: Die Zeichen der Zeit – Evangelische Monatsschrift für Mitarbeiter der Kirche 41 (1987), S. 246–250.

Adolf Herte, Das katholische Lutherbild im Bann der Lutherkommentare des Cochläus. Band 1: Von der Mitte des 16. bis zur Mitte des 18. Jahrhunderts: Inland und Ausland; Band 2: Von der Mitte des 18. Jahrhunderts bis in die neueste Zeit: Deutschland; Band 3: Von der Mitte des 18. Jahrhunderts bis in die neueste Zeit: Außerdeutsche Länder, besonders Frankreich und Italien (Münster in Westfalen: Aschendorff, 1943).

Johannes Hessen, Luther in katholischer Sicht: Grundlegung eines ökumenischen Gespräches (Bonn: Röhrscheid, 1947).

Karl Heussi, Luthers deutsche Sendung (Jena: Frommann, 1934).

Berthold Hinz, Lucas Cranach der Ältere (Reinbek bei Hamburg: Rowohlt, 1993) [Rowohlts Monographien; 457].

Christian Hirte (Hg.), 500 Jahre danach: Kommerz, Glaube und Aufbruch: Perspektiven auf die Lutherdekade aus der Sicht von Politik, Tourismus, Kultur und Kirche (Bad Langensalza/Thüringen: Literaturversand Rockstuhl, 2013).

Werner Hofmann (Hg.), Köpfe der Lutherzeit [Ausstellung der Hamburger Kunsthalle, 4. März – 24. April 1983] (München: Prestel, 1983).

Werner Hofmann (Hg.), Luther und die Folgen für die Kunst: Hamburger Kunsthalle, 11. November – 8. Januar 1984 [Ausstellungskatalog] (München: Prestel, 1983).

Lucian Hölscher, Geschichte der protestantischen Frömmigkeit in Deutschland (München: Beck, 2005).

Lucian Hölscher, Wem gehört Luther?, in: Deutsches Historisches Museum, Verein für Reformationsgeschichte, Staatliche Geschäftsstelle „Luther 2017" (Hgg.), Wem gehört Luther? (Halle/Saale: Mitteldeutscher Verlag, 2015) [Beiträge des Symposiums „Wem gehört Luther?", Berlin 2014], S. 88 – 101.

Henrike Holsing, Luther – Gottesmann und Nationalheld: Sein Image in der deutschen Historienmalerei des 19. Jahrhunderts (Dissertation Universität Köln, 2004; Online-Publikation).

Tanja Holste, Die Porträtkunst Lucas Cranachs d. Ä. (Dissertation Universität Kiel, 2004; Online-Publikation).

Johannes Horstmann (Hg.), Martin Luther: Zum Wandel des Luther-Bildes in der Geschichtsschreibung und im Film (Schwerte: Katholische Akademie Schwerte, 1983) [Katholische Akademie: Dokumentationen; 8].

Regine C. Hrosch, Die historische Quelle Bild als Problem der Geschichtswissenschaft und der Vermittlung von Geschichte: Abbildungen zur Reformation in Geschichtsbüchern vom 16. bis ins 21. Jahrhundert (Dissertation Universität Oldenburg, 2006; Oldenburg: BIS-Verlag, 2008) [Oldenburger Schriften zur Geschichtswissenschaft; 9].

Gangolf Hübinger, Kulturprotestantismus und Politik: Zum Verhältnis von Liberalismus und Protestantismus im wilhelminischen Deutschland (Habilitation Universität Freiburg/Br., 1991; Tübingen: Mohr, 1994).

Johannes Hund, Das Augustana-Jubiläum von 1830 als Kulminationspunkt der Ausbildung moderner theologischer Positionen während der Vormärzzeit, in: Klaus Tanner (Hg.), Konstruktion von Geschichte: Jubelrede – Predigt – protestantische Historiographie (Leipzig: Evangelische Verlagsanstalt, 2012) [Leucorea-Studien zur Geschichte der Reformation und der Lutherischen Orthodoxie; 18], S. 237–254.

Erwin Iserloh (Mitverf.), Wandlungen des Lutherbildes [Referate der Tagung der Katholischen Akademie in Bayern am 8. und 9. Mai 1965] (Würzburg: Echter-Verlag, 1966) [Studien und Berichte der Katholischen Akademie in Bayern; 36].

Erwin Iserloh, Martin Luther in katholischer Sicht, in: Ludwig Markert, Karl Heinz Stahl (Hgg.), Die Reformation geht weiter: Ertrag eines Jahres (Erlangen: Verlag der Evangelisch-Lutherischen Mission, 1984), S. 214–230.

Ingrid Jenderko-Sichelschmidt, Die Historienbilder Carl Friedrich Lessings. Anhang: Katalog der Gemälde (Dissertation Universität Köln, 1973).

Volkmar Joestel, Legenden um Martin Luther und andere Geschichten aus Wittenberg (Berlin: Schelzky und Jeep, 1992).

Volkmar Joestel (Hg.), Martin Luther (1483–1546). Katalog der Hauptausstellung in der Lutherhalle Wittenberg (2., verb. und erw. Aufl. Berlin: Schelzky & Jeep, 1993).

Volkmar Joestel, Thesentür und Tintenfaß: Legenden um Martin Luther (Berlin: Schelzky und Jeep, 1998).

Volkmar Joestel, Jutta Strehle, Rosemarie Knape (Hgg.), Luthers Bild und Lutherbilder. Ein Rundgang durch die Wirkungsgeschichte (Wittenberg: Stiftung Luthergedenkstätten in Sachsen-Anhalt, 2003).

Volkmar Joestel, Luther und das Mansfelder Land – Legenden und ihre Hintergründe, in: Rosemarie Knape (Hg.), Martin Luther und Eisleben (Leipzig: Evangelische Verlagsanstalt, 2007) [Schriften der Stiftung Luthergedenkstätten in Sachsen-Anhalt; 8], S. 391–424.

Volkmar Joestel, „Hier stehe ich!". Luthermythen und ihre Schauplätze (Wettin-Löbejün: Verlag Janos Stekovics, 2013) [Kulturreisen, 10: Porträt Spezial].

Christian Juncker, Die Geschichte der Reformation in Münzen und Medaillen bis zum Jahre 1706 (Stuttgart: Steinkopf, 1982; ND der Ausgabe „Das guldene und silberne Ehren-Gedächtniss des theuren Gottes-Lehrers Doctoris Martini Lutheri" – Frankfurt, Leipzig: Endter, 1706).

Martin H. Jung, Der Protestantismus in Deutschland von 1870 bis 1945 (Leipzig: Evangelische Verlagsanstalt, 2002) [Kirchengeschichte in Einzeldarstellungen: 3, Neuzeit; Band 5].

Helmar Junghans, Wittenberg als Lutherstadt (Berlin: Union-Verlag, 1982 [¹1979]).

Helmar Junghans, Die Lutherrezeption in Leipzig nach 1546, in: Ekkehard Henschke, Klaus Sohl (Hgg.), Luther und Leipzig: Beiträge und Katalog zur Ausstellung

[Ausstellung vom 17. Februar bis 21. April 1996 im Alten Rathaus zu Leipzig anlässlich des 450. Todestages Martin Luthers] (Leipzig: Universitätsbibliothek, 1996) [Schriften aus der Universitätsbibliothek Leipzig; 3], S. 51–70.

Helmar Junghans, Martin Luther und Wittenberg (München, Berlin: Koehler & Amelang, 1996).

Hans-Joachim Kadatz, Ein Luther-Standbild für Torgau, das nie geschaffen wurde, in: Torgauer Heimatkalender 8 (2013), S. 55–57.

Franz Kadell, Kunst, Kitsch, Kurioses: Wo und wie wir überall dem Reformator begegnen, in: Investitions- und Marketinggesellschaft Sachsen-Anhalt in Zusammenarbeit mit der Martin-Luther-Universität Halle-Wittenberg und der Otto-von-Guericke-Universität Magdeburg (Hg.), Lutherland Sachsen-Anhalt (Halle/Saale: Mitteldeutscher Verlag, 2015), S. 328–378.

Heinrich Kähler, Luther und Bismarck: Vortrag zu Flensburg 1914 (Flensburg: Soltau, 1914).

Hannes Kästner, Eva Schütz, Gottesbote oder Lügenprophet? Bemerkungen zur Genese und den Entwicklungstendenzen der konträren Lutherbilder in der Frühzeit der Reformation, in: André Schnyder (Hg.), „Ist mir getroumet mîn leben"? Vom Träumen und vom Anderssein. Festschrift für Karl-Ernst Geith (Göppingen: Kümmerle, 1998), S. 49–66.

Otto Kammer, Reformationsdenkmäler des 19. und 20. Jahrhunderts: Eine Bestandsaufnahme (Leipzig: Evangelische Verlagsanstalt, 2004).

Ingrid Kasten, „Was ist Luther? ist doch die lere nitt meyn": Die Anfänge des Luther-Mythos im 16. Jahrhundert, in: Václav Bok (Hg.), Magister et amicus: Festschrift für Kurt Gärtner zum 65. Geburtstag (Wien: Edition Praesens, 2003), S. 899–931.

Ruth Kastner, Geistlicher Rauffhandel: Form und Funktion der illustrierten Flugblätter zum Reformationsjubiläum 1617 in ihrem historischen und publizistischen Kontext (Dissertation Universität Hamburg, 1981; Frankfurt am Main, Bern: Lang, 1982) [Mikrokosmos; 11].

Thomas Kaufmann, Luthers „Judenschriften": Ein Beitrag zu ihrer historischen Kontextualisierung (2., durchges. Auflage, Tübingen: Mohr Siebeck, 2013).

Thomas Kaufmann, Luthers Juden (Stuttgart: Reclam, 2014).

Thomas Kaufmann, Das Reformationsgedenken in der BRD und der DDR, in: Deutsches Historisches Museum, Verein für Reformationsgeschichte, Staatliche Geschäftsstelle „Luther 2017" (Hgg.), Wem gehört Luther? (Halle/Saale: Mitteldeutscher Verlag, 2015) [Beiträge des Symposiums „Wem gehört Luther?", Berlin 2014], S. 11–25.

Thomas Kaufmann, Ewiges Wort und zeitliches Bild: Das Bild in der frühen Reformation, in: Franziska Bomski, Hellmut Th. Seemann, Thorsten Valk (Hgg.), Bild und Bekenntnis: Die Cranach-Werkstatt in Weimar (Göttingen: Wallstein-Verlag, 2015), S. 17–36.

Robert und Richard Keil, Die burschenschaftlichen Wartburgfeste von 1817 und 1867: Erinnerungsblätter. Mit den Facsimiles der Präsenzliste von 1817 (unveränderter ND der Ausg. Jena: Mauke, 1868; Walluf bei Wiesbaden: Sändig, 1971).

Hans-Otto Keunecke (Hg.), Luther in Erlangen: Bilder – Namen – Wirkungen. Eine Ausstellung des Evangelisch-Lutherischen Dekanats Erlangen und der Universitätsbibliothek, 11. November – 4. Dezember 1983; Katalog (Erlangen: Universitätsbibliothek Erlangen-Nürnberg, 1983) [Schriften der Universitätsbibliothek Erlangen-Nürnberg; 15].

Walther Killy, Luther in der trivialen Erzählung, in: Hartmut Löwe, Claus-Jürgen Roepke (Hgg.), Luther und die Folgen: Beiträge zur sozialgeschichtlichen Bedeutung der lutherischen Reformation (München: Kaiser, 1983), S. 201–219.

Kirchenamt der EKD (Hg.), Rechtfertigung und Freiheit: 500 Jahre Reformation 2017. Ein Grundlagentext des Rates der Evangelischen Kirche in Deutschland (EKD) (Gütersloh: Gütersloher Verlagshaus, 2014).

Ursula Klatte (Hg.), Luther: Kritik und Antikritik von Heinemann bis Forte (2., durchges. Aufl. Berlin: Verlag Die Spur, 1972).

Jochen Klauß, „Luther war ein Genie sehr bedeutender Art": Einige Bemerkungen zu Reformationsmedaillen in Goethes Sammlung, in: Erfurter Münzblätter: Jahrbuch 4 (1997), S. 9–20.

Kurt Klein, Museum oder Gotteshaus? Eine Betrachtung über die Schlußsteine, in: Kurt Klein (Hg.), Die Wiedererstehung von St. Lorenz: Festschrift zur Wiedererrichtung des Hallenchores von St. Lorenz am Tage St. Laurentii 1952 (Nürnberg: Verein zur Wiederherstellung der St. Lorenzkirche in Nürnberg, 1952), S. 20–21.

Robert Kluth, Der Luther-Effekt: Ein Ausstellungsprojekt (Berlin: Deutsches Historisches Museum, 2014).

Rosemarie Knape, Martin Treu (Hgg.), Preußische Lutherverehrung im Mansfelder Land: Aufsätze zur Ausstellung „Was groß ist, muss groß gefeiert werden" (Leipzig: Evangelische Verlagsanstalt, 2002) [Stiftung Luthergedenkstätten in Sachsen-Anhalt; Katalog 8].

Theodor Knolle, Der Prototyp des Lutherbildes mit dem Schwan, in: Walter Elliger (Hg.), Forschungen zur Kirchengeschichte und zur christlichen Kunst (Leipzig: Dieterich 1931), S. 222–242.

Hans-Gerhard Koch, Luthers Reformation in kommunistischer Sicht (Stuttgart: Quell-Verlag, 1967).

Kurt Kardinal Koch, Reformationsgedenken in ökumenischer Sicht, in: Petra Bosse-Huber, Serge Fornerod, This Gundlach, Gottfried Locher (Hgg.), 500 Jahre Reformation: Bedeutung und Herausforderungen. Internationaler Kongress der EKD und des SEK auf dem Weg zum Reformationsjubiläum 2017 vom 6. bis 10. Oktober 2013 in Zürich [Internationaler Kongress zum Reformationsjubiläum 2017] (Zürich: Theologischer Verlag; Leipzig: Evangelische Verlagsanstalt, 2014), S. 348–358.

Hans-Joachim Köhler (Hg.), Flugschriften als Massenmedium der Reformationszeit: Beiträge zum Tübinger Symposion 1980 (Stuttgart; Klett-Cotta 1981) [Spätmittelalter und Frühe Neuzeit; 13].

Walter Köhler, Das katholische Lutherbild der Gegenwart (Bern: Verlag Seldwyla; Leipzig: K. F. Koehler, 1922).

Joseph Leo Koerner, The Reformation of the Image (London: Reaktion Books, 2004).

Armin Kohnle, Luther vor Karl V. Die Wormser Szene in Text und Bild des 19. Jahrhunderts, in: Stefan Laube, Karl-Heinz Fix (Hgg.), Lutherinszenierung und Reformationserinnerung (Leipzig: Evangelische Verlagsanstalt, 2002) [Schriften der Stiftung Luthergedenkstätten in Sachsen-Anhalt; 2], S. 35–62.

Karin Kolb, Cranach und Dresden: Die Werke Cranachs in der Dresdener Gemäldegalerie (Dissertation Universität Halle/Saale, 2005; Berlin: dissertation.de, 2005).

Robert Kolb, Martin Luther as Prophet, Teacher, Hero: Images of the Reformer, 1520–1620 (Carlisle, Cumbria: Paternoster; Grand Rapids, Michigan: Baker Books, 1999) [Texts and Studies in Reformation and Post-Reformation Thought].

Uta Kornmeier, Luther in effigie, oder: Das „Schreckgespenst von Halle", in: Stefan Laube, Karl-Heinz Fix (Hgg.), Lutherinszenierung und Reformationserinnerung (Leipzig: Evangelische Verlagsanstalt, 2002) [Schriften der Stiftung Luthergedenkstätten in Sachsen-Anhalt; 2], S. 343–372.

Friedrich Kraft (Hg.), Luther als Bühnenheld (Hamburg: Lutherisches Verlagshaus, 1971) [Zur Sache; 8].

Sebastian Kranich, Die Nation im Lutherdenkmal vor der Dresdner Frauenkirche: Ein Streit um Luthers Kopf, in: Michael Fischer (Hg.), Reichsgründung 1871: Ereignis – Beschreibung – Inszenierung. Eine gemeinsame Veröffentlichung des Sonderforschungsbereichs 537 „Institutionalität und Geschichtlichkeit" der Technischen Universität Dresden und des Deutschen Volksliedarchivs in Freiburg (Münster, New York, München, Berlin: Waxmann, 2010), S. 139–163.

Sebastian Kranich, „Bekenner" oder „Eiferer"? Martin Luther auf dem Sockel – 1883, in: Christian Soboth, Thomas J. Müller-Bahlke (Hgg.), Reformation und Generalreformation: Luther und der Pietismus; Kongress „Luther und der Pietismus", Halle 2009 (Halle: Verlag der Franckeschen Stiftungen Halle; [Wiesbaden:] Harrassowitz, 2012) [Hallesche Forschungen; 32], S. 225–240.

Sebastian Kranich, Das Dresdner Lutherjubiläum 1883, in: Klaus Tanner, Jörg Ulrich (Hgg.), Spurenlese – Reformationsvergegenwärtigung als Standortbestimmung (1717–1983) (Leipzig: Evangelische Verlagsanstalt, 2012) [Leucorea-Studien zur Geschichte der Reformation und der Lutherischen Orthodoxie; 17], S. 101–143.

Jutta Krauß (Bearb.), Aller Knecht und Christi Untertan: Der Mensch Luther und sein Umfeld; Katalog der Ausstellung zum 450. Todesjahr 1996 – Wartburg und Eisenach (Eisenach: Wartburg-Stiftung,1996).

Jutta Krauß (Hg.), „Beyssig sein ist nutz und not": Flugschriften zur Lutherzeit. Ein kurzweiliger Begleiter durch den "Blätterwald" der Sonderausstellung vom 6. August bis zum 31. Oktober 2010 auf der Wartburg (Regensburg: Schnell & Steiner, 2010).

Jutta Krauß, „Das wild geifernde Eberschwein" – der geschmähte Luther, in: Jutta Krauß (Hg.), „Beyssig sein ist nutz und not": Flugschriften zur Lutherzeit. Ein kurzweiliger Begleiter durch den „Blätterwald" der Sonderausstellung vom 6. August bis zum 31. Oktober 2010 auf der Wartburg (Regensburg: Schnell & Steiner, 2010), S. 111–114.

Jutta Krauß (Hg.), Luthers Bilderbiographie: Die einstigen Reformationszimmer der Wartburg. Ein informativer Begleiter durch die Sonderausstellung vom 4. Mai 2012 bis 31. März 2013 auf der Wartburg und vom 27. April bis 29. September 2013 in Luthers Sterbehaus Eisleben (Regensburg: Schnell & Steiner, 2012).

Jutta Krauß, Nicht „Wächter gegen Rom", sondern Glaubensheld – das Denkmal der Reformation vor der Kulisse des Kulturkampfs, in: Dieselbe (Hg.), Luthers Bilderbiographie: Die einstigen Reformationszimmer der Wartburg. Ein informativer Begleiter durch die Sonderausstellung vom 4. Mai 2012 bis 31. März 2013 auf der Wartburg und vom 27. April bis 29. September 2013 in Luthers Sterbehaus Eisleben (Regensburg: Schnell & Steiner, 2012), S. 52–59.

Hans Kreßel, Luther und der heilige Christ: Ein deutsches Weihnachtsbüchlein (4. Aufl. Erlangen: Junge, 1982 [¹1939]).

Friederike Krippner, Der „deutscheste Mann unserer Geschichte": Luther im nationalen Diskurs zu Beginn des 19. Jahrhunderts, in: Katharina Grabbe, Sigrid G. Köhler, Martina Wagner-Egelhaaf (Hgg.), Das Imaginäre der Nation: Zur Persistenz einer politischen Kategorie in Literatur und Film (Bielefeld: transcript Verlag, 2012), S. 105–130.

Roland Krischke (Hg.), Wahre abcontrafactur: Martin Luther und Bedeutende seiner Zeitgenossen im grafischen Porträt des 16. Jahrhunderts [Katalog zur Ausstellung im Schlossmuseum Gotha, 7. März bis 25. Juli 2010] (Gotha: Stiftung Schloss Friedenstein Gotha, 2010).

Johannes Kritzl, „Adversus turcas et turcarum deum": Beurteilungskriterien des Türkenkriegs und des Islam in den Werken Martin Luthers (Bonn: Verlag für Kultur und Wissenschaft Schirrmacher, 2008) [Untersuchungen zur Begegnung von Islam und Christentum; 4].

Alexander Krünes, Luther als Vorkämpfer der Aufklärung? Die Reformation als Bestandteil volksaufklärerischer Publizistik in der Mitte des 19. Jahrhunderts, in: Zeitschrift für thüringische Geschichte 65 (2011), S. 157–180.

Joachim Kruse (Hg.), Luthers Leben in Illustrationen des 18. und 19. Jahrhunderts: Sonderausstellung aus Anlass der 450. Wiederkehr des Aufenthalts D. Martin Luthers auf der Veste Coburg, 23. April – 5. Oktober 1980, Kunstsammlungen der Veste Coburg (Coburg: Kunstsammlungen der Veste Coburg, 1980) [Kataloge der Kunstsammlungen der Veste Coburg; 30].

Joachim Kruse, Lutherillustrationen im frühen 19.Jahrhundert, in: Bernd Moeller (Hg.), Luther in der Neuzeit: Wissenschaftliches Symposion des Vereins für Reformationsgeschichte (Gütersloh: Gütersloher Verlagshaus Mohn, 1983) [Schriften des Vereins für Reformationsgeschichte; 192], S.194–226.

Joachim Kruse, Luther-Bilder, in: Evangelische Akademie Baden (Hg.), Martin Luther ungewohnt [Beiträge einer Tagung der Evangelischen Akademie Baden vom 23.–25. Februar 1996 auf Schloß Flehingen (Oberderdingen)] (Karlsruhe: Verlag des Evangelischen Presseverbands für Baden, 1998) [Herrenalber Forum; 20], S. 9–54.

Björn Küllmer, Die Inszenierung der Protestantischen Volksgemeinschaft–Lutherbilder im Lutherjahr 1933 (Berlin: Logos-Verlag, 2012).

Reinhard Kuhl, Glasmalereien des 19. Jahrhunderts–Die Kirchen. Band 1: Mecklenburg-Vorpommern (Leipzig: Edition Leipzig, 2001).

Friedrich Kunze, Luthersagen nebst einigen Reformationsgeschichtchen (Leipzig: Scholtze, 1917).

Peter Landau, Luther und die Tradition der Demokratie, in: Hans Bungert (Hg.), Martin Luther: Eine Spiritualität und ihre Folgen. Vortragsreihe der Universität Regensburg zum Lutherjahr 1983 (Regensburg: Mittelbayerische Druckerei- und Verlagsgesellschaft, 1983) [Schriftenreihe der Universität Regensburg; 9], S. 89–105.

Adolf Laube (Hg.), Flugschriften der frühen Reformationsbewegung (1518–1524). Band 1–2 (Vaduz: Topos-Verlag, 1983).

Adolf Laube, Martin Luther in der Erbe- und Traditionsauffassung der Deutschen Demokratischen Republik, in: Hartmut Löwe, Claus-Jürgen Roepke (Hgg.), Luther und die Folgen: Beiträge zur sozialgeschichtlichen Bedeutung der lutherischen Reformation (München: Kaiser, 1983), S. 135–159.

Adolf Laube (Hg.), Flugschriften gegen die Reformation (1518–1524) (Berlin: Akademie-Verlag, 1997).

Stefan Laube, Evangelische Erinnerung und konfessioneller Streit. Reformationsjubiläen im Vormärz (1842–1848), in: Zeitschrift für bayerische Kirchengeschichte 67 (1998), S. 67–80.

Stefan Laube, Fest, Religion und Erinnerung. Konfessionelles Gedächtnis in Bayern von 1804 bis 1917 (Dissertation Universität München, 1997; München: Beck, 1999) [Schriftenreihe zur bayerischen Landesgeschichte; 118].

Stefan Laube, Konfessionelle Brüche in der nationalen Heldengalerie: Protestantische, katholische und jüdische Erinnerungsgemeinschaften im deutschen Kaiserreich (1871–1918), in: Heinz-Gerhard Haupt, Dieter Langewiesche (Hgg.), Nation und Religion in der deutschen Geschichte (Frankfurt/Main, New York: Campus-Verlag, 2001), S. 293–332.

Stefan Laube, Karl-Heinz Fix (Hgg.), Lutherinszenierung und Reformationserinnerung (Leipzig: Evangelische Verlagsanstalt, 2002) [Schriften der Stiftung Luthergedenkstätten in Sachsen-Anhalt; 2].

Stefan Laube, Der Kult um die Dinge an einem evangelischen Erinnerungsort, in: Stefan Laube, Karl-Heinz Fix (Hgg.), Lutherinszenierung und Reformationserinnerung (Leipzig: Evangelische Verlagsanstalt, 2002) [Schriften der Stiftung Luthergedenkstätten in Sachsen-Anhalt; 2], S. 11–34.

Stefan Laube, Inszenierte Jubelgeschichten um das Lutherhaus in Wittenberg, in: Winfried Müller, Wolfgang Flügel, Iris Loosen, Ulrich Rosseaux (Hgg.), Das historische Jubiläum. Genese, Ordnungsleistung und Inszenierungsgeschichte eines institutionellen Mechanismus (Münster: LIT, 2004) [Geschichte–Forschung und Wissenschaft; 3], S. 101–116.

Hartmut Laufhütte, Martin Luther in der deutschen Literatur des 19. und 20. Jahrhunderts, in: Ferdinand van Ingen (Hg.), Luther-Bilder im 20. Jahrhundert: Symposion an der Freien Universität Amsterdam (Amsterdam: Ropoi, 1984) [Amsterdamer Beiträge zur neueren Germanistik; 19], S. 27–58.

Jörg Lauster, Luther–Apostle of Freedom? Liberal Protestant Interpretations of Luther, in: Christine Helmer, Bo Kristian Holm (Hgg.), Lutherrenaissance: Past and Present (Göttingen, Bristol/Connecticut: Vandenhoeck & Ruprecht, 2015), S. 144–155.

Hartmut Lehmann, Protestantisches Christentum im Prozeß der Säkularisierung (Göttingen: Vandenhoeck & Ruprecht, 2001).

Hartmut Lehmann, Das marxistische Lutherbild von Engels bis Honecker, in: Hans Medick, Peer Schmidt (Hgg.), Luther zwischen den Kulturen: Zeitgenossenschaft–Weltwirkung (Göttingen: Vandenhoeck & Ruprecht, 2004), S. 500–516.

Hartmut Lehmann, Martin Luther und der 31. Oktober 1517, in: Paul Münch (Hg.), Jubiläum, Jubiläum…: Zur Geschichte öffentlicher und privater Erinnerung (Essen: Klartext, 2005), S. 45–60.

Hartmut Lehmann, Luthergedächtnis 1817 bis 2017 (Göttingen; Bristol, Connecticut: Vandenhoeck & Ruprecht, 2012).

Hartmut Lehmann, Die Lutherfaszination der Deutschen 1817 bis 2017, in: Thomas K. Kuhn, Katharina Kunter (Hgg.), Reform – Aufklärung – Erneuerung: Transformationsprozesse im neuzeitlichen und modernen Christentum; Festschrift zum 80. Geburtstag von Martin Greschat (Leipzig: Evangelische Verlagsanstalt, 2014), S. 311–327.

Hanna Lehming (Bearb.), „Ertragen können wir sie nicht": Martin Luther und die Juden. Begleitheft zur Ausstellung (Hamburg: Evangelisch-Lutherische Kirche in Norddeutschland, 2014).

Werner Leich, Das Luthergedenken in den Kirchen und Gemeinden der DDR, in: Claus-Jürgen Roepke (Hg.), Luther 83: Eine kritische Bilanz (München: Kaiser, 1984), S. 158–177.

Volker Leppin, Von charismatischer Leitung zur Institutionalisierung. Die Bedeutung der Monumentalisierung Luthers im Gesamtgeschehen der Reformation, in: Stefan Michel, Christian Speer (Hgg.), Georg Rörer (1492–1557): Der Chronist der Wittenberger Reformation (Leipzig: Evangelische Verlagsanstalt, 2012) [Leucorea-Studien zur Geschichte der Reformation und der Lutherischen Orthodoxie; 15], S. 275–286.

Volker Leppin, Der Blick auf die Reformation: Konfessionell, postkonfessionell, ökumenisch? In: Kirchenamt der Evangelischen Kirche in Deutschland (EKD) (Hg.), Perspektiven 2017: Ein Lesebuch. Luther 2017 – 500 Jahre Reformation (Frankfurt/M.: Hansisches Druck- und Verlagshaus, 2013), S. 86–87.

Volker Leppin, „Nicht seine Person, sondern die Wahrheit zu verteidigen". Die Legende vom Thesenanschlag in lutherischer Historiographie und Memoria, in: Heinz Schilling (Hg.), Der Reformator Martin Luther 2017: Eine wissenschaftliche und gedenkpolitische Bestandsaufnahme (München: De Gruyter Oldenburg, 2014) [Schriften des Historischen Kollegs; Kolloquien; 92], S. 85–108.

Otto Lerche, Martin Luther, deutscher Kämpfer: Bilder aus seiner Zeit und seiner Welt (Berlin: Deutscher Luthertag, 1933).

Josef Lieball, Martin Luthers Madonnenbild: Eine ikonographische und mariologische Studie (Stein am Rhein: Christiana-Verlag, 1981).

Annina Ligniez, „bey ietzigen gefährlichen und betrübten Zeiten". Zeitdiagnosen in Reformationsjubiläumspredigten 1717 in Wittenberg, in: Klaus Tanner, Jörg Ulrich (Hgg.), Spurenlese – Reformationsvergegenwärtigung als Standortbestimmung (1717–1983) (Leipzig: Evangelische Verlagsanstalt, 2012) [Leucorea-Studien zur Geschichte der Reformation und der Lutherischen Orthodoxie; 17], S. 37–70.

Annina Ligniez, Legitimation durch Geschichte. Das erste Reformationsjubiläum 1617 in Wittenberg, in: Klaus Tanner (Hg.), Konstruktion von Geschichte: Jubelrede–Predigt–protestantische Historiographie (Leipzig: Evangelische Verlagsanstalt, 2012) [Leucorea-Studien zur Geschichte der Reformation und der Lutherischen Orthodoxie; 18], S. 53–66.

Andreas Lindner, Was geschah in Stotternheim? Eine problematische Geschichte und ihre problematische Rezeption, in: Christoph Bultmann (Hg.), Luther und das monastische Erbe [Kongress Erfurt 2005] (Tübingen: Mohr Siebeck, 2007) [Spätmittelalter, Humanismus, Reformation; 39], S. 93–110.

George B. von der Lippe, The Figure of Martin Luther in Twentieth Century German Literature: The Metamorphosis of a National Symbol (Revised edition Lewiston, Lampeter: Edwin Mellen Press, 2000) [Studies in Religion and Society; 33].

Hermann von Loewenich, Luthers Bedeutung in der Gegenwart, in: Ludwig Markert, Karl Heinz Stahl (Hgg.), Die Reformation geht weiter: Ertrag eines Jahres (Erlangen: Verlag der Evangelisch-Lutherischen Mission, 1984), S. 247–264.

Walther von Loewenich, Luther in evangelischer Sicht, in: Hans-Otto Keunecke (Hg.), Luther in Erlangen: Bilder – Namen – Wirkungen. Eine Ausstellung des Evangelisch-Lutherischen Dekanats Erlangen und der Universitätsbibliothek, 11. November – 4. Dezember 1983; Katalog (Erlangen: Universitätsbibliothek Erlangen-Nürnberg, 1983) [Schriften der Universitätsbibliothek Erlangen-Nürnberg; 15], S. 9–24.

Bernhard Lohse, Lutherdeutung heute (Göttingen: Vandenhoeck & Ruprecht, 1968) [Kleine Vandenhoeck-Reihe; 276].

Bernhard Lohse, Luthers Bedeutung für die evangelische Kirche und Theologie, in: Karl Lehmann (Hg.), Luthers Sendung für Katholiken und Protestanten (München, Zürich: Schnell & Steiner, 1982), S. 31–47.

Bernhard Lohse, Wandlungen des Lutherbildes im Spiegel der Lutherjubiläen, in: Heinrich Foerster (Hg.), Zugänge zu Luther (Erlangen: Martin-Luther-Verlag, 1984) [Veröffentlichungen der Luther-Akademie Ratzeburg; 6], S. 96–109.

Bernhard Lohse, Martin Luther: Eine Einführung in sein Leben und Werk (3., vollst. überarb. Aufl. München: Beck, 1997).

Friederike Lübke, Wie Luther auf den Sockel kam. Reformationsjubiläen im Spiegel der Zeit, in: Kirchenamt der Evangelischen Kirche in Deutschland (EKD) (Hg.), Perspektiven 2017: Ein Lesebuch. Luther 2017 – 500 Jahre Reformation (Frankfurt/M.: Hansisches Druck- und Verlagshaus, 2013), S. 14–17.

Peter Lucke, Gewalt und Gegengewalt in den Flugschriften der Reformation (Dissertation Universität Tübingen, 1974; Göppingen: Kümmerle, 1974) [Göppinger Arbeiten zur Germanistik; 149].

Johannes Luther, Legenden um Luther (Berlin, Leipzig: de Gruyter, 1933) [Greifswalder Studien zur Lutherforschung und neuzeitlichen Geistesgeschichte; 9].

Werner Mägdefrau (Bearb.), Martin Luther: Leistungen und Wirkungen (Jena: Abteilung Wissenschaftliche Publikationen der Friedrich-Schiller-Universität, 1984) [Friedrich-Schiller-Universität Jena, Wissenschaftliche Zeitschrift, Gesellschaftswissenschaftliche Reihe; 33, 3].

Erich Marcks, Luther und Deutschland: Eine Reformationsrede im Kriegsjahr 1917 (Leipzig: Quelle & Meyer, 1917).

Gottfried Maron, Das katholische Lutherbild der Gegenwart: Anmerkungen und Anfragen (Göttingen: Vandenhoeck & Ruprecht, 1982) [Bensheimer Hefte; 58].

Gottfried Maron, Das katholische Lutherbild im Wandel, in: Ferdinand van Ingen (Hg.), Luther-Bilder im 20. Jahrhundert: Symposion an der Freien Universität Amsterdam (Amsterdam: Ropoi, 1984) [Amsterdamer Beiträge zur neueren Germanistik; 19], S. 199–206.

Reiner Marquard, Mathias Grünewalds Tauberbischofsheimer Andachtsbilder in der Kunsthalle Karlsruhe und Martin Luthers ‚Theologia crucis', in: Zeitschrift für die Geschichte des Oberrheins 156 (2008), S. 179–194.

Hans Lassen Martensen, Luther und die Reformation in katholisch-theologischer Sicht, in: Bjørn Ekmann, Børge Kristiansen (Hgg.), Luther und die Reformation (Kopenhagen: Verlag Text u. Kontext; München: Fink, 1982) [Kopenhagener Kolloquien zur Deutschen Literatur, Band 5; Text & Kontext, Sonderreihe, Band 13], S. 24–43.

Harald Marx, Ingrid Mössinger (Hgg.), Cranach (Köln: Wienand, 2005).

Peter Maser, „Mit Luther alles in Butter?": Das Lutherjahr 1983 im Spiegel ausgewählter Akten (Berlin: Metropol, 2013).

Otto May, Das Lutherbild im Spiegel der Postkarte: Begleitheft zur Ausstellung in der Domäne Marienburg November 2006 – April 2007 (Hildesheim: Lax, 2006) [Förderkreis Stiftung Schulmuseum und Bibliothek für Bildungshistorische Forschung der Universität Hildesheim e.V.].

Otto May, Martin Luther: Sein Leben und seine Wirkung im Postkartenbild 1883–1945 (Hildesheim: Franzbecker, 2014) [Kultur im Postkartenbild; 1].

Hans Medick, Peer Schmidt (Hgg.), Luther zwischen den Kulturen: Zeitgenossenschaft–Weltwirkung (Göttingen: Vandenhoeck & Ruprecht, 2004) [Beiträge des Kongresses Erfurt 2001].

Joachim Mehlhausen (Hg.), Reformationsgedenken: Beiträge zum Lutherjahr 1983 aus der Evangelischen Kirche im Rheinland (Köln: Rheinland-Verlag; Bonn: Habelt, 1985) [Schriftenreihe des Vereins für Rheinische Kirchengeschichte; 81].

Volker Mehnert, Protestantismus und radikale Spätaufklärung: Die Beurteilung Luthers und der Reformation durch aufgeklärte deutsche Schriftsteller zur Zeit der Französischen Revolution (Dissertation Universität Bremen, 1982; München: Minerva-Publ., 1982).

Eginhard P. Meijering, Der „ganze" und der „wahre" Luther: Hintergrund und Bedeutung der Lutherinterpretation Adolf von Harnacks (Amsterdam, Oxford, New York: Noord-Hollandsche Uitgevers Maatschappij, 1983) [Koninklijke Nederlandse Akademie van Wetenschappen, Afdeling Letterkunde: Mededelingen; Nieuwe reeks, Deel 46, No. 3].

Peter Meinhold, Luther heute. Wirken und Theologie Martin Luthers, des Reformators der Kirche, in ihrer Bedeutung für die Gegenwart (Berlin, Hamburg: Lutherisches Verlagshaus, 1967).

Günter Meißner, Bauernkrieg und Weltgericht: Das Frankenhausener Monumentalbild einer Wendezeit–Werner Tübke (Leipzig: Seemann, 1995).

Harald Meller (Hg.), Fundsache Luther: Archäologen auf den Spuren des Reformators [Begleitband zur Landesausstellung „Fundsache Luther" im Landesmuseum für Vorgeschichte Halle (Saale) vom 31. Oktober 2008 bis 26. April 2009] (Stuttgart: Theiss, 2008).

Annemarie Menke-Schwinghammer, Weltgeschichte als „Nationalepos": Wilhelm von Kaulbachs kulturhistorischer Zyklus im Treppenhaus des Neuen Museums in Berlin (Dissertation Universität Bonn, 1987; Berlin: Verlag für Kunstwissenschaft, 1994).

Ernst Erich Metzner, Eine liedtextgestützte weitere Früh-Verortung von Luthers Glaubenszeugengesang „Ein feste Burg…" 1521 vor Worms: Interdisziplinäre Nachfragen zum exorbitanten Standbild „Luther mit dem Schwan" in Trebur zwischen Frankfurt und Oppenheim, in: Jahrbuch der Hessischen Kirchengeschichtlichen Vereinigung 55 (2004), S. 197–225.

Karen Meyer-Rebentisch, Was macht Luther in St. Lorenz? Geschichte und Geschichten aus Stadtteil und Kirchengemeinde (Lübeck: Evangelisch-lutherische Kirchengemeinde Luther-Melanchthon zu Lübeck, 2014).

Norbert Michels (Hg.), Cranach: Vom alten zum neuen Glauben (Petersberg: Imhof, 2015).

Karl-Jürgen Miesen, Das Luther-Gedenkjahr 1983 im Spiegel der Rheinischen Post. Der Reformator als Zeitgenosse, in: Hans Süssmuth (Hg.), Das Luther-Erbe in Deutschland: Vermittlung zwischen Wissenschaft und Öffentlichkeit (Düsseldorf: Droste, 1985), S. 194–204.

Bernd Moeller, Von der Schwierigkeit und Chance, die historische Person Martin Luther in unserer Zeit zu vermitteln, in: Hans Süssmuth (Hg.), Das Luther-Erbe in Deutschland: Vermittlung zwischen Wissenschaft und Öffentlichkeit (Düsseldorf: Droste, 1985), S. 188–193.

Georg Mollat, Unsere nationalen Erzieher von Luther bis Bismarck: Ein Hausbuch für das deutsche Volk (Osterwieck/Harz: Zickfeldt, 1923).

Hermann Mosapp, Luther und Bismarck (Berlin: Evangelischer Bund, 1915) [Volksschriften zum Großen Krieg; 69/70].

Walter Mostert, Luther III (Wirkungsgeschichte), in: TRE 21 (Berlin, New York 1991), S. 567–594.

Karl-Heinz zur Mühlen, Wirkung und Rezeption [i.e. Luthers]: Im Zeitalter der lutherischen Bekenntnisbildung und Orthodoxie. Im Zeitalter von Pietismus und Aufklärung. Im 19. Jahrhundert. Im 20. Jahrhundert. In: Albrecht Beutel (Hg.). Luther-Handbuch (2. Aufl. Tübingen: Mohr Siebeck, 2010 [¹2005]), S. 462–488.

Reinhard Mühlen, Die Bibel und ihr Titelblatt: Bildliche Entwicklung der Titelblattgestaltung lutherischer Bibeldrucke vom 16. bis zum 19. Jahrhundert (Dissertation Universität Wien, 1999; Würzburg: Stephans-Buchhandlung Mittelstädt, 2001) [Studien zur Theologie; 19].

Erwin Mülhaupt, Falsch-Müntzerei oder die Karikatur der Reformationsgeschichte in Dieter Fortes Stück „Martin Luther und Thomas Münzer oder die Einführung der Buchhaltung" (2., erw. Aufl. Karlsruhe: Thoma, 1971).

Gerhard Müller, Martin Luther als Autorität für die lutherische Kirche, in: Karl Lehmann (Hg.), Luthers Sendung für Katholiken und Protestanten (München, Zürich: Schnell & Steiner, 1982), S. 48–70.

Gerhard Müller, Luthers Lehre im Urteil der römisch-katholischen Kirche, in: Christoph Markschies, Michael Trowitzsch (Hgg.), Luther – zwischen den Zeiten: Eine Jenaer Ringvorlesung (Tübingen: Mohr Siebeck, 1999), S. 87–106.

Johann Baptist Müller (Hg.), Die Deutschen und Luther: Texte zur Geschichte und Wirkung (Stuttgart: Reclam, 1983) [Universal-Bibliothek; 7916].

Sigrid Nagy, Es wuchs ein Baum im Paradies: Wie Luther im 19. Jahrhundert zum Weihnachtsbaum kam (Weimar: Wartburg-Verlag, 2003); auch: Jahrbuch für Volkskunde (2000), S. 11–50.

Ulrich Naumann, Der Lutherplatz (Ludwigshafen am Rhein: Stadt Ludwigshafen am Rhein, 1993).

Hans Joachim Neidhardt, Deutsche Malerei des 19. Jahrhunderts (aktualisierte Aufl. Leipzig: Seemann, 2008).

Werner Nell, Luther in seiner, Lutherfeiern in ihrer und in unserer Zeit. Bemerkungen zu einer Diskurs- und Kulturgeschichte, in: Klaus Tanner, Jörg Ulrich (Hgg.), Spurenlese – Reformationsvergegenwärtigung als Standortbestimmung (1717–1983) (Leipzig: Evangelische Verlagsanstalt, 2012) [Leucorea-Studien zur Geschichte der Reformation und der Lutherischen Orthodoxie; 17], S. 11–36.

Franz Neubauer, Luther im Fernsehspiel: Thesen zu Kategorien historischer Präsentation, in: Siegfried Quandt (Hg.), Luther, die Reformation und die Deutschen: Wie erzählen wir unsere Geschichte? (Paderborn, München, Wien, Zürich: Schöningh, 1982) [Geschichte, Politik und Massenmedien; 1], S. 75–78.

Thomas Nipperdey, Luther und die moderne Welt, in: Geschichte in Wissenschaft und Unterricht 36 (1985), S. 803–813.

Bernd Oberdorfer, Zwischen Prinzipialisierung und Historisierung. Zur Bedeutung des Rekurses auf Luther in der protestantischen Theologie des 20. Jahrhunderts, in: Joachim Eibach, Marcus Sandl (Hgg.), Protestantische Identität und Erinnerung: Von der Reformation bis zur Bürgerrechtsbewegung in der DDR (Göttingen: Vandenhoeck & Ruprecht, 2003) [Formen der Erinnerung; 16], S. 215–232.

Heiko A. Oberman, Luther, Deutschland und die Juden, in: Ludwig Markert, Karl Heinz Stahl (Hgg.), Die Reformation geht weiter: Ertrag eines Jahres (Erlangen: Verlag der Evangelisch-Lutherischen Mission, 1984), S. 159–168.

Harry Oelke, Die Konfessionsbildung des 16. Jahrhunderts im Spiegel illustrierter Flugblätter (Dissertation Universität Kiel, 1991; Berlin, New York: de Gruyter, 1992) [Arbeiten zur Kirchengeschichte; 57].

Friedrich Ohly, Gesetz und Evangelium: Zur Typologie bei Luther und Lucas Cranach. Zum Blutstrahl der Gnade in der Kunst (Münster: Aschendorff, 1985) [Schriftenreihe der Westfälischen Wilhelms-Universität Münster; N.F., H.1].

Peter von der Osten-Sacken, Martin Luther und die Juden: Neu untersucht anhand von Anton Margarithas „Der gantz Jüdisch glaub" (1530/31) (Stuttgart: Kohlhammer, 2002).

Peter von der Osten-Sacken, Martin Luther und die Juden: Ende einer Feindschaft?, in: Jacobus Cornelis de Vos, Folker Siegert (Hgg.), Interesse am Judentum: Die Frank-Delitzsch-Vorlesungen 1989–2008 (Berlin, Münster: LIT, 2008) [Münsteraner judaistische Studien; 23], S. 262–286.

Ernst Osterkamp, Ein ganzer Kerl: Martin Luther in der Literatur der deutschen Klassik, in: Sinn und Form: Beiträge zur Literatur 62 (2010), S. 169–186.

Frank Pauli, Luthers Landschaft: Ortsgespräche, Zeitaufnahmen (Hannover: Lutherisches Verlagshaus, 1982).

Otto Hermann Pesch, Ketzerfürst und Kirchenlehrer: Wege katholischer Begegnung mit Martin Luther (Stuttgart: Calwer Verlag, 1971) [Calwer Hefte zur Förderung biblischen Glaubens und christlichen Lebens; 114].

Otto Hermann Pesch, Katholiken lernen von Luther, in: Karl Lehmann (Hg.), Luthers Sendung für Katholiken und Protestanten (München, Zürich: Schnell & Steiner, 1982), S. 147–188.

Otto Hermann Pesch, Die heutige kontroverse Einschätzung Luthers im Katholizismus, in: Ludwig Markert, Karl Heinz Stahl (Hgg.), Die Reformation geht weiter: Ertrag eines Jahres (Erlangen: Verlag der Evangelisch-Lutherischen Mission, 1984), S. 206–213.

Otto Hermann Pesch, Hinführung zu Luther (3., aktualisierte und erw. Neuaufl. Mainz: Matthias-Grünewald-Verlag, 2004).

Joachim Petzold, Mißdeutung und Ausbeutung Luthers zur Zeit der faschistischen Diktatur in Deutschland, in: Horst Bartel, Gerhard Brendler, Hans Hübner, Adolf Laube (Hgg.), Martin Luther. Leistung und Erbe (Berlin: Akademie-Verlag, 1986) [Beiträge der internationalen wissenschaftlichen Konferenz „Martin Luther – geschichtliche Stellung und historisches Erbe", Halle/Saale 1983], S. 435–440.

Silvia Pfister, Buch, Bild und Glaube: Luther, Cranach, Spalatin. [Ausstellung,] 2. November 2015 bis 27. Februar 2016, Landesbibliothek Coburg (Coburg: Landesbibliothek Coburg, 2015).

Hans-Albrecht Pflästerer (Bearb.), Luther-Magazin: Zum 500. Geburtstag des Reformators (Hamburg: Hansisches Druck- und Verlagshaus; München: Evangelischer Presseverband für Bayern, o.J. [1983]).

Julius von Pflugk-Harttung (Hg.), Im Morgenrot der Reformation (Hersfeld: Vertriebsanstalt Christlicher Kunstwerke M. Zulauf, 1912).

Christa Pieske, Historienbilder vor aller Augen. Wandbilder für Schule und Haus. In: Praxis Geschichte, Nov. 1990, H.6, S. 34–37.

Georg Piltz, Daher bin ich: Ein Gang durch Lutherstätten (Leipzig: Brockhaus, 1983).

Georg Piltz (Hg.), Ein Sack voll Ablaß: Bildsatiren der Reformationszeit (Berlin: Eulenspiegel-Verlag, 1983).

Reinhold Planck, Der Sieg des Deutschen: Ein Wort an den deutschen Protestantismus im Reformationsjahr 1917 (München: Callwey, 1917).

Werner Pöschel (Hg.), Mitteilungen – Bilder und Zeichen aus Bethel [Ausstellungskatalog] (Bielefeld: Bethel-Verlag, 1991).

Hans Pollmann (Bearb.), Letzte Instanz das Gewissen: Ansprachen und Geleitworte zum Luther-Jahr 1983 (Bonn: Presse- und Informationsamt der Bundesregierung, 1983).

Peter Poscharsky, Luther und die Bildende Kunst, in: Hans-Otto Keunecke (Hg.), Luther in Erlangen: Bilder – Namen – Wirkungen. Eine Ausstellung des Evangelisch-Lutherischen Dekanats Erlangen und der Universitätsbibliothek, 11. November–4. Dezember 1983; Katalog (Erlangen: Universitätsbibliothek Erlangen-Nürnberg, 1983) [Schriften der Universitätsbibliothek Erlangen-Nürnberg; 15], S. 25–42.

Renata von Poser, Rudolf Schäfer–Kirchenausstattungen: Religiöse Malerei zwischen Bibelfrömmigkeit und Pathos (Dissertation Universität Göttingen, 1998; Regensburg: Schnell & Steiner, 1999).

Hans Preuß, Lutherbildnisse – ausgewählt und erläutert von Hans Preuß (2., verm. und verb. Aufl. Leipzig: Voigtländer, 1918 [¹1913]) [Voigtländers Quellenbücher; 42].

Siegfried Quandt (Hg.), Luther, die Reformation und die Deutschen: Wie erzählen wir unsere Geschichte? (Paderborn, München, Wien, Zürich: Schöningh, 1982) [Geschichte, Politik und Massenmedien; 1].

Silvio Reichelt, Die Universität als Instrument der Konfessionalisierung. Die akademische Reformationsjubelfeier in Straßburg 1617, in: Klaus Tanner (Hg.), Konstruktion von Geschichte: Jubelrede – Predigt – protestantische Historiographie (Leipzig: Evangelische Verlagsanstalt, 2012) [Leucorea-Studien zur Geschichte der Reformation und der Lutherischen Orthodoxie; 18], S. 67–88.

Silvio Reichelt, Sebastian Kranich, Martin Luther als evangelischer Schutzheiliger. Die Reformationsfeiern an der Universität Halle-Wittenberg 1927–1941, in: Klaus Tanner, Jörg Ulrich (Hgg.), Spurenlese – Reformationsvergegenwärtigung als Standortbestimmung (1717–1983) (Leipzig: Evangelische Verlagsanstalt, 2012) [Leucorea-Studien zur Geschichte der Reformation und der Lutherischen Orthodoxie; 17], S. 145–194.

Silvio Reichelt, Der Erlebnisraum Lutherstadt Wittenberg: Genese, Entwicklung und Bestand eines protestantischen Erinnerungsortes (Dissertation Universität Halle, 2011; Göttingen, Bristol/Connecticut: Vandenhoeck & Ruprecht, 2013) [Refo500; 11].

Wolfgang Reinhard, Reformation 1517/2017. Geschichtswissenschaft und Geschichtspolitik. Schlussgedanken, in: Heinz Schilling (Hg.), Der Reformator Martin Luther 2017: Eine wissenschaftliche und gedenkpolitische Bestandsaufnahme (München: De Gruyter Oldenburg, 2014) [Schriften des Historischen Kollegs; Kolloquien; 92], S. 297–306.

Siegfried Rentzsch (Hg.), Martin Luther – Ein Postkartenalbum (Leipzig: Koehler und Amelang, 1983).

Fritz Reuter, Das Wormser Lutherdenkmal und die Speyerer Protestationskirche: Zwei deutsche Denkmäler des Protestantismus im Vergleich, in: Bärbel Stephan (Hg.), Ernst Rietschel, 1804–1861: Zum 200. Geburtstag des Bildhauers (München, Berlin: Deutscher Kunstverlag, 2004), S. 32–43.

Stefan Rhein, Luther im Museum: Kult, Gedenken und Erkenntnis, in: Heinz Schilling (Hg.), Der Reformator Martin Luther 2017: Eine wissenschaftliche und gedenkpolitische Bestandsaufnahme (München: De Gruyter Oldenburg, 2014) [Schriften des Historischen Kollegs; Kolloquien; 92], S. 245–260.

Helmut Richter, Der Luther-Illustrator Gustav König (1808–1869), in: Hans-Otto Keunecke (Hg.), Luther in Erlangen: Bilder – Namen – Wirkungen. Eine Ausstellung des Evangelisch-Lutherischen Dekanats Erlangen und der Universitätsbibliothek, 11. November – 4. Dezember 1983; Katalog (Erlangen: Universitätsbibliothek Erlangen-Nürnberg, 1983) [Schriften der Universitätsbibliothek Erlangen-Nürnberg; 15], S. 43–58.

Dieter Riesenberger, Zur Luther-Rezeption in der westdeutschen Massenpresse, in: Hans Süssmuth (Hg.), Das Luther-Erbe in Deutschland: Vermittlung zwischen Wissenschaft und Öffentlichkeit (Düsseldorf: Droste, 1985), S. 275–284.

Christian Rietschel, Lutherbilder des 16. bis 19. Jahrhunderts, in: Klaus Harlinghausen, Gerhard Seib, Jutta Terlau (Hgg.), Luther im Porträt: Druckgrafik, 1550–1900 (Marburg a.d.L.: Jonas Verlag für Kunst und Literatur, 1983), S. 5–19.

Gerhard Ritter, Luther der Deutsche (München: Bruckmann, 1933).

Gerhard Ritter, Luther und die politische Erziehung der Deutschen, in: Zeitwende: Kultur, Kirche, Zeitgeschehen 18 (1946/1947), S. 592–607.

Joachim Rogge, Akzente der Lutherrezeption 1983 in der DDR, in: Ludwig Markert, Karl Heinz Stahl (Hgg.), Die Reformation geht weiter: Ertrag eines Jahres (Erlangen: Verlag der Evangelisch-Lutherischen Mission, 1984), S. 196–205.

Joachim Rogge, Martin Luther: Sein Leben, seine Zeit, seine Wirkungen. Eine Bildbiographie (2., durchges. Aufl. Berlin: Evangelische Verlagsanstalt, 1984 [¹1982]).

Joachim Rogge, Das Lutherverständnis im Spiegel des Lutherbildnisses und des Luthermonuments von den Anfängen bis zur Gegenwart, in: Joachim Rogge, Martin Luther: Sein Leben, seine Zeit, seine Wirkungen. Eine Bildbiographie (2., durchges. Aufl. Berlin: Evangelische Verlagsanstalt, 1984), S. 92–94.

Berthold Roland, Norbert Suhr (Bearbb.): Wie sehen Künstler Martin Luther? Ein Aspekt zum Luther-Jahr. 31. Oktober bis 4. Dezember 1983, Mittelrheinisches Landesmuseum Mainz. 16. Dezember bis 8. Januar 1984, Evangelische Kirche der Pfalz, Heiliggeist-Kirche Speyer (Mainz: Mittelrheinisches Landesmuseum, 1983).

Jörk Rothamel (Hg.), Der experimentelle Tintenfasswurf auf der Wartburg (Halle: Hasenverlag, 2009).

Martin Roy, Luther in der DDR: Zum Wandel des Lutherbildes in der DDR-Geschichtsschreibung; mit dokumentarischen Reproduktionen (Bochum: Winkler, 2000) [Studien zur Wissenschaftsgeschichte; 1].

Dorothea Sattler, Ist Martin Luther katholisch? Annäherungen an eine provozierende Frage, in: Deutsches Historisches Museum, Verein für Reformationsgeschichte, Staatliche Geschäftsstelle „Luther 2017" (Hgg.), Wem gehört Luther? (Halle/Saale: Mitteldeutscher Verlag, 2015) [Beiträge des Symposiums „Wem gehört Luther?", Berlin 2014], S. 72–87.

Werner Schade, Lucas Cranach–Glaube, Mythologie und Moderne: Eine Ausstellung des Bucerius Kunst Forums (Ostfildern-Ruit: Hatje Cantz, 2003) [Publikationen des Bucerius-Kunst-Forums; [2]].

Paul Scheuerlen, Luther unser Hausfreund (Stuttgart: Belser, 1917).

Heinz Schilling (Hg.), Der Reformator Martin Luther 2017: Eine wissenschaftliche und gedenkpolitische Bestandsaufnahme (München: De Gruyter Oldenburg, 2014) [Schriften des Historischen Kollegs; Kolloquien; 92].

Johannes Schilling (Hg.), Glauben: Nordelbiens Schätze 800–2000 [Katalog zur Ausstellung „Glauben: Nordelbiens Schätze 800–2000" im Rantzaubau des Kieler Schlosses, vom 30. April bis 30. Juli 2000] (Neumünster: Wachholtz, 2000).

Johannes Schilling (Hg.), Luther-Rezeption: Kirchenhistorische Aufsätze [i.e. Bernd Moellers] zur Reformationsgeschichte (Göttingen: Vandenhoeck & Ruprecht, 2001).

Martin Schloemann, Luthers Apfelbäumchen? Ein Kapitel deutscher Mentalitätsgeschichte seit dem Zweiten Weltkrieg (Göttingen: Vandenhoeck & Ruprecht, 1994).

Georg Schmidt, Luther und die Freiheit seiner „lieben Deutschen", in: Heinz Schilling (Hg.), Der Reformator Martin Luther 2017: Eine wissenschaftliche und gedenkpolitische Bestandsaufnahme (München: De Gruyter Oldenburg, 2014) [Schriften des Historischen Kollegs; Kolloquien; 92], S. 173–194.

Johann Michael Schmidt, Martin Luther und die Juden, in: Hans Süssmuth (Hg.), Das Luther-Erbe in Deutschland: Vermittlung zwischen Wissenschaft und Öffentlichkeit (Düsseldorf: Droste, 1985), S. 130–147.

Martin Schmidt, Das römisch-katholische Lutherbild von Ignaz Döllinger bis Otto Hermann Pesch, in: Ebernburg-Hefte 9 (1975), S. 193–216.

Rolf Schneider, Das Lutherbild in der DDR, in: Ludwig Markert, Karl Heinz Stahl (Hgg.), Die Reformation geht weiter: Ertrag eines Jahres (Erlangen: Verlag der Evangelisch-Lutherischen Mission, 1984), S. 74–80.

Hugo Schnell, Martin Luther und die Reformation auf Münzen und Medaillen (München: Klinkhardt & Biermann, 1983).

Ludwig Schneller, Lutherstätten: Ein Gang durch Luthers Leben an Hand der Schauplätze seines Wirkens (Leipzig: H.G. Wallmann, 1925).

Hans-Jürgen Schönstädt, Antichrist, Weltheilsgeschehen und Gottes Werkzeug: Römische Kirche, Reformation und Luther im Spiegel des Reformationsjubiläums 1617 (Dissertation Universität Erlangen-Nürnberg, 1976; Wiesbaden: Steiner, 1978) [Veröffentlichungen des Instituts für Europäische Geschichte Mainz; 88].

Friedrich Schorlemmer, „Wittenberg war nicht der Anfang und nicht das Ende" – Die Reformationsdekade als Selbstbestimmung des Protestantismus, in: Forum Erwachsenenbildung (2012), S. 18–24.

Luise Schorn-Schütte, Luther im Gedächtnis der Nachwelt, in: Evangelische Akademie Baden (Hg.), Martin Luther ungewohnt [Beiträge einer Tagung der Evangelischen Akademie Baden vom 23.–25. Februar 1996 auf Schloß Flehingen (Oberderdingen)] (Karlsruhe: Verlag des Evangelischen Presseverbands für Baden, 1998) [Herrenalber Forum; 20], S. 120–140.

Heinz Schröder, Reformatio in Nummis: Menschen, Münzen und Medaillen um Martin Luther und die Reformation (Karlsruhe: Gesellschaft für Kulturhistorische Dokumentation e.V., 1983).

Hans von Schubert, Luther und seine lieben Deutschen: Eine Volksschrift zur Reformationsfeier (Stuttgart, Berlin: Deutsche Verlagsanstalt, 1917).

Günter Schuchardt, Martin Luther (1483–1546): Mönch, Prediger Reformator (2., veränd. Aufl. Regensburg: Schnell & Steiner, 2006 [¹2004]) [Reihe Hagiographie, Ikonographie, Volkskunde; Nr. 40134].

Günter Schuchardt (Hg.), Cranach, Luther und die Bildnisse: Thüringer Themenjahr „Bild und Botschaft" [Katalog zur Sonderausstellung auf der Wartburg, 2. April bis 19. Juli 2015] (Regensburg: Schnell & Steiner, 2015).

Gerhard Schuder, Das moderne katholische Lutherbild: Wird ganz Deutschland protestantisch? (Durach: MGS-Verlag, 1998) [Lutherstudien; 1].

Gerhard Schuder, Martin Luther – Wechselbalg des Teufels und Vorreiter des Antichrists? Luthers Geburt in zeitgenössischen Polemiken und apokalyptischen Deutungen (Traunstein: MGS-Verlag, 2004) [Lutherstudien; 2].

Werner Schuffenhauer, Klaus Steiner (Hgg.), Martin Luther in der deutschen bürgerlichen Philosophie: 1517–1845. Eine Textsammlung (Berlin: Akademie-Verlag, 1983).

187

Ernst Schulin, Die Luther-Auffassungen in der deutschen Geschichtsschreibung, in: Karl Lehmann (Hg.), Luthers Sendung für Katholiken und Protestanten (München, Zürich: Schnell & Steiner, 1982), S. 94–115.

Hans Jürgen Schultz (Hg.), Luther kontrovers (Stuttgart, Berlin: Kreuz-Verlag, 1983).

Wolfgang Schulz, Martin Luther: Führer zu den Lutherstätten (Berlin: Stiftung Deutschlandhaus, 1982).

Ingrid Schulze, Lucas Cranach d. J. und die protestantische Bildkunst in Sachsen und Thüringen: Frömmigkeit, Theologie, Fürstenreformation (Bucha bei Jena: Quartus-Verlag, 2004) [Palmbaum-Texte; 13].

Peter-Klaus Schuster, Abstraktion, Agitation und Einfühlung: Formen protestantischer Kunst im 16. Jahrhundert, in: Werner Hofmann (Hg.), Luther und die Folgen für die Kunst: Hamburger Kunsthalle, 11. November – 8. Januar 1984 [Ausstellungskatalog] (München: Prestel, 1983), S. 115–125.

Georg Schwaiger (Hg.), Reformationsjubiläen (Stuttgart, Berlin, Köln, Mainz: Kohlhammer, 1982) [Sonderheft der Zeitschrift für Kirchengeschichte 93,1].

Hilmar Schwarz, „Neuerdings mit dem Sinnbilde des heiligen Geistes": Die frühen Lutherbildnisse in den Druckschriften der 1520er Jahre, in: Jutta Krauß (Hg.), „Beyssig sein ist nutz und not": Flugschriften zur Lutherzeit. Ein kurzweiliger Begleiter durch den „Blätterwald" der Sonderausstellung vom 6. August bis zum 31. Oktober 2010 auf der Wartburg (Regensburg: Schnell & Steiner, 2010), S. 43–55.

Hilmar Schwarz, Die Lutherbilder in den einstigen Reformationszimmern auf der Wartburg: Zum historischen Hintergrund der Bildmotive, in: Wartburg-Jahrbuch 20 (2012), S. 78–131.

Gerhard Seib (Hg.), Luther mit dem Schwan: Tod und Verklärung eines großen Mannes. Katalog zur Ausstellung in der Lutherhalle Wittenberg anläßlich des 450. Todestages von Martin Luther vom 21. Februar bis 10. November 1996 (Berlin: Schelzky & Jeep, 1996).

Michael Seidlmayer, Das Lutherbild im Wandel der Zeit, in: Ein Leben aus freier Mitte: Beiträge zur Geschichtsforschung. Festschrift für Prof. Dr. Ulrich Noack von seinen Kollegen, Schülern und Freunden zum 60. Geburtstag gewidmet (Göttingen, Berlin, Frankfurt, Zürich: Musterschmidt, 1961), S. 17–36.

Christian Senkel, Patriotismus und Protestantismus: Konfessionelle Semantik im nationalen Diskurs zwischen 1749 und 1813 (Habilitation Universität Halle-Wittenberg, 2010; Tübingen: Mohr Siebeck, 2015) [Beiträge zur historischen Theologie; 172].

Uwe Siemon-Netto, Der erfundene Luther: Wider das Klischee vom „Wegbereiter Hitlers" (Groß Oesingen: Lutherische Buchhandlung Harms, 1999).

Karl Simon (Hg.), Deutsche Flugschriften zur Reformation (1520–1525) (Stuttgart: Reclam, 1980) [Universal-Bibliothek; Nr. 9995].

Ruth Slenczka, Cranach als Reformator neben Luther, in: Heinz Schilling (Hg.), Der Reformator Martin Luther 2017: Eine wissenschaftliche und gedenkpolitische Bestandsaufnahme (München: De Gruyter Oldenburg, 2014) [Schriften des Historischen Kollegs; Kolloquien; 92], S. 133–158.

Christian Soboth, Thomas J. Müller-Bahlke (Hgg.), Reformation und Generalreformation: Luther und der Pietismus; Kongress „Luther und der Pietismus", Halle 2009 (Halle: Verlag der Franckeschen Stiftungen Halle; [Wiesbaden:] Harrassowitz, 2012) [Hallesche Forschungen; 32].

Reiner Sörries, Das Bild des Reformators – Zeugnisse der Lutherverehrung aus drei Jahrhunderten, in: Hans-Otto Keunecke (Hg.), Luther in Erlangen: Bilder – Namen – Wirkungen. Eine Ausstellung des Evangelisch-Lutherischen Dekanats Erlangen und der Universitätsbibliothek, 11. November–4. Dezember 1983; Katalog (Erlangen: Universitätsbibliothek Erlangen-Nürnberg, 1983) [Schriften der Universitätsbibliothek Erlangen-Nürnberg; 15], S. 59–84.

Andreas Späth, Luther und die Juden (Bonn: Verlag für Kultur und Wissenschaft, 2001) [Biblia et symbiotica; 18].

Jean Édouard Spenlé, La Pensée allemande de Luther à Nietzsche (5. éd. Paris: Colin, 1955 [¹1939]) [Collection Armand Colin; 171].

Peter Sprengel, Von Luther zu Bismarck: Kulturkampf und nationale Identität bei Theodor Fontane, Conrad Ferdinand Meyer und Gerhart Hauptmann (Bielefeld: Aisthesis-Verlag, 1999).

Staatliche Museen zu Berlin (Ost) (Hg.), Kunst der Reformationszeit: Ausstellung im Alten Museum vom 26. August–13. November 1983 (Lizenzausgabe West-Berlin: Elefanten-Press-Verlag, 1983).

Elfriede Starke (Bearb.), Kostbarkeiten der Lutherhalle Wittenberg (Berlin: Evangelische Verlagsanstalt, 1982).

Elfriede Starke, Beiträge zur Erforschung der Rolle der bildenden Kunst in der Zeit der frühbürgerlichen Revolution: Untersuchungen zu Martin Luthers Beziehungen zu Kunst und Künstlern sowie zu zwei Sachzeugen aus den Sammlungen des Staatlichen Reformationsgeschichtlichen Museums Lutherhalle Wittenberg – Lukas Cranachs des Älteren „Zehn-Gebote-Tafel" (1516) und Martin Luthers „Betbüchlein" mit Illustrationen von Sebald Beham (1527); 3 Bände (Dissertation Universität Leipzig, 1987).

Richard Stauffer, Le Catholicisme à la découverte de Luther: L'évolution des recherches catholiques sur Luther de 1904 au 2. Concile du Vatican (Neuchâtel: Delachaux & Niestlé, 1966).

James M. Stayer, Martin Luther, German Saviour: German Evangelical Theological Factions and the Interpretation of Luther, 1917–1933 (Montreal, Kingston, London, Buffalo: McGill-Queen's University Press, 2000) [McGill-Queen's studies in the history of religion: Series 2].

Martin Steffens (Hg.), Von der Kapelle zum Nationaldenkmal – die Wittenberger Schloßkirche [Ausstellungskatalog, Lutherhalle Wittenberg, 9. Oktober 1998 bis 20. Februar 1999] (Wittenberg: Stiftung Luthergedenkstätten in Sachsen-Anhalt, 1998) [Stiftung Luthergedenkstätten in Sachsen-Anhalt, Katalog 2].

Martin Steffens, Die Lutherstube auf der Wartburg. Von der Gefängniszelle zum Geschichtsmuseum, in: Stefan Laube, Karl-Heinz Fix (Hgg.), Lutherinszenierung und Reformationserinnerung (Leipzig: Evangelische Verlagsanstalt, 2002) [Schriften der Stiftung Luthergedenkstätten in Sachsen-Anhalt; 2], S. 317–342.

Martin Steffens, „Ihm gebührt vor allen anderen ein Denkmal in unserer Stadt": Das Berliner Lutherdenkmal, in: Mitteilungen des Vereins für die Geschichte Berlins 103 (2007), S. 514–528.

Martin Steffens, Luthergedenkstätten im 19. Jahrhundert: Memoria–Repräsentation–Denkmalpflege (Dissertation Freie Universität Berlin, 2006; Regensburg: Schnell & Steiner, 2008).

Johann Anselm Steiger, Der Orgelprospekt im Kloster Lüne als Zeugnis barock-lutherischer Bild-und Musiktheologie: Zur Intermedialität von Wort, Bild und Musik im 17. Jahrhundert (Regensburg: Schnell & Steiner, 2015).

Richard Steigmann-Gall, „Furor Protestanticus": Nazi conceptions of Luther, 1919–1933, in: Kirchliche Zeitgeschichte 12 (1999), S. 274–286.

Sven Steinberg, Jubel in Dresden: Das Lutherjubiläum 1883, in: Dresdner Geschichtsbuch 14 (2009), S. 123–134.

Horst Stephan, Luther in den Wandlungen seiner Kirche (2., neu bearb. Auflage; Berlin: Töpelmann, 1951 [[1]1907]).

Moritz Stetter, Luther (Gütersloh: Gütersloher Verlagshaus, 2013) [Graphic novel].

Stiftung Schloss Friedenstein Gotha (Hg.), Julia Carrasco (Red.), Bild und Botschaft: Cranach im Dienst von Hof und Reformation (Heidelberg: Morio-Verlag, 2015).

Margarete Stirm, Die Bilderfrage in der Reformation (Dissertation Kirchliche Hochschule Berlin, 1973; Gütersloh: Gütersloher Verlagshaus Mohn, 1977) [Quellen und Forschungen zur Reformationsgeschichte; 45].

Karlheinz Stoll, Das Luthergedenken in den Kirchen und Gemeinden der BRD, in: Claus-Jürgen Roepke (Hg.), Luther 83: Eine kritische Bilanz (München: Kaiser, 1984), S. 178–195.

Irmgard Strahl (Bearb.), Verzeichnis der Luther-Bildnisse (Berlin: Deutsche Staatsbibliothek, 1982) [Handschrifteninventare der Deutschen Staatsbibliothek; 5].

Elke Strauchenbruch, Luthers Weihnachten (Leipzig: Evangelische Verlagsanstalt, 2011).

Jutta Strehle, Martin Luther 1983: Lutherinterpretationen in der bildenden Kunst der ehemaligen DDR. Dokumentation zu einer Ausstellung der Lutherhalle Wittenberg (Wittenberg: Staatliche Lutherhalle Wittenberg; Griesheim: Bassenauer, 1992).

Jutta Strehle, Luthers Leben in Bildern: Ausgewählte Grafiken des 19. Jahrhunderts. Aus den Sammlungen der Lutherhalle Wittenberg (Wittenberg: Drei-Kastanien-Verlag, 1995).

Jutta Strehle, Armin Kunz (Hgg.), Druckgraphiken Lucas Cranachs d. Ä.: Im Dienst von Macht und Glauben (Wittenberg: Stiftung Luthergedenkstätten in Sachsen-Anhalt, 1998) [Stiftung Luthergedenkstätten in Sachsen-Anhalt; Katalog 1].

Ruth Stumann-Bowert, Luther in Eisen. Kleinkunst aus den Beständen des Eisenkunstgußmuseums in Hirzenhain, in: Hessische Heimat 33 (1983), S. 63–75.

Hans Süssmuth, Martin Luther zu Ehe und Familie: Erzählte Geschichte in der Illustrierten „Stern", in: Siegfried Quandt (Hg.), Luther, die Reformation und die Deutschen: Wie erzählen wir unsere Geschichte? (Paderborn, München, Wien, Zürich: Schöningh, 1982) [Geschichte, Politik und Massenmedien; 1], S. 61–74.

Hans Süssmuth, Luther 1983 in beiden deutschen Staaten, in: Hans Süssmuth (Hg.), Das Luther-Erbe in Deutschland: Vermittlung zwischen Wissenschaft und Öffentlichkeit (Düsseldorf: Droste, 1985), S. 16–40.

Andreas Tacke, Stefan Rhein, Michael Wiemers (Hgg.), Lucas Cranach 1553, 2003: Wittenberger Tagungsbeiträge anlässlich des 450. Todesjahres Lucas Cranachs des Älteren (Leipzig: Evangelische Verlagsanstalt, 2007) [Schriften der Stiftung Luthergedenkstätten in Sachsen-Anhalt; 7].

Christiane Theiselmann, Das Wormser Lutherdenkmal Ernst Rietschels (1856–1868) im Rahmen der Lutherrezeption des 19. Jahrhunderts (Dissertation Universität Münster/Westfalen, 1991; Frankfurt/M., Bern, New York, Paris: Lang, 1992) [Europäische Hochschulschriften: Reihe 28, Band 135].

Oskar Thulin, Das Lutherbild der Gegenwart, in: Luther-Jahrbuch 23 (1941), S. 123–148.

Oskar Thulin, Cranach-Altäre der Reformation (Berlin: Evangelische Verlagsanstalt, 1955).

Oskar Thulin, Luther in den Darstellungen der Künste, in: Luther-Jahrbuch 32 (1965), S. 9–27.

Oskar Thulin, Die Wittenberger Lutherstätten (7. Aufl. Berlin: Evangelische Verlagsanstalt, 1977).

Christiane Tietz, Martin Luther im interkulturellen Kontext (Nordhausen: Bautz, 2008) [Interkulturelle Bibliothek; 110].

Michael Tilly, Martin Luther und die Juden, in: Blätter für pfälzische Kirchengeschichte und religiöse Volkskunde 69 (2002), S. 395–404.

Thomas Topfstedt, „In unserer Republik ist Müntzers Zukunftsvision in Erfüllung gegangen." Das Bauernkriegspanorama in Bad Frankenhausen, in: Arnold Bartetzky, Rudolf Jaworski (Hgg.), Geschichte im Rundumblick: Panoramabilder im östlichen Europa (Köln, Weimar, Wien: Böhlau, 2014) [Visuelle Geschichtskultur; 11], S. 178–189.

Margret Trapmann (Hg.), Martin Luther: Reformator – Ketzer – Nationalheld? Texte, Bilder, Dokumente in ARD und ZDF. Materialien zu Fernsehsendungen (München: Goldmann, 1983) [Goldmann; 6443].

Heinrich von Treitschke, Luther und die deutsche Nation: Vortrag, gehalten in Darmstadt am 7. November 1883 (München: G. D. W. Callwey, 1928).

Martin Treu, Die Lutherhalle Wittenberg (Leipzig: Edition Leipzig, 1991).

Martin Treu, „...ihr steht auf heiliger Erde." Lutherverehrung im Mansfelder Land des 19. Jahrhunderts, in: Stefan Laube, Karl-Heinz Fix (Hgg.), Lutherinszenierung und Reformationserinnerung (Leipzig: Evangelische Verlagsanstalt, 2002) [Schriften der Stiftung Luthergedenkstätten in Sachsen-Anhalt; 2], S. 85–96.

Martin Treu (Hg.), „Was groß ist, muss groß gefeiert werden": Preußische Lutherverehrung im Mansfelder Land; Rundgang durch die Ausstellung (Wittenberg: Drei-Kastanien-Verlag, 2002).

Martin Treu, Luther-Bilder, in: Harald Meller (Hg.), Fundsache Luther: Archäologen auf den Spuren des Reformators [Begleitband zur Landesausstellung „Fundsache Luther" im Landesmuseum für Vorgeschichte Halle (Saale) vom 31. Oktober 2008 bis 26. April 2009] (Stuttgart: Theiss, 2008), S. 94–99.

Paul Tschackert, Das echte Lutherbild (Leipzig: Verlag des Evangelischen Bundes, 1904) [Vortrag, gehalten auf der 17. Generalversammlung des Evangelischen Bundes in Dresden am 4. Oktober 1904].

Christian Tümpel, Otto Kammer, Zur Geschichte der Lutherdenkmäler, in: Bernd Moeller (Hg.), Luther in der Neuzeit: Wissenschaftliches Symposion des Vereins für Reformationsgeschichte (Gütersloh: Mohn, 1983) [Schriften des Vereins für Reformationsgeschichte; 192], S. 227–247.

Ernst Ullmann, Die Luther-Bildnisse Lukas Cranachs d. Ä., in: Günter Vogler, Siegfried Hoyer, Adolf Laube (Hgg.), Martin Luther: Leben, Werk, Wirkung (Berlin: Akademie-Verlag, 1983), S. 45–52.

Ernst Ullmann, Von der Macht der Bilder: Kunst und Reformation (Berlin: Akademie-Verlag, 1985) [Sitzungsberichte der Sächischen Akademie der Wissenschaften zu Leipzig, Philologisch-Historische Klasse; 126,2].

Ernst Ullmann, Martin Luther und die Kunst der Reformation, in: Horst Bartel, Gerhard Brendler, Hans Hübner, Adolf Laube (Hgg.), Martin Luther. Leistung und Erbe (Berlin: Akademie-Verlag, 1986) [Beiträge der internationalen wissenschaftlichen Konferenz „Martin Luther–geschichtliche Stellung und historisches Erbe", Halle/Saale 1983], S. 108–117.

Thomas Vogtherr, „Reformator" oder „frühbürgerliche Revolution"? Martin Luther im Geschichtsbild der DDR, in: Geschichte in Wissenschaft und Unterricht 39 (1988), S. 594–613.

Joachim Wanke, War Luther ein Reformkatholik? Nach-Gedanken zu Werk und Wirkung Martin Luthers aus heutiger Perspektive, in: Hans Medick, Peer Schmidt (Hgg.), Luther zwischen den Kulturen: Zeitgenossenschaft – Weltwirkung (Göttingen: Vandenhoeck & Ruprecht, 2004), S. 517–522.

Martin Warnke, Cranachs Luther: Entwürfe für ein Image (Frankfurt a.M.: Fischer-Taschenbuch-Verlag, 1984) [Fischer Taschenbücher 3904, Reihe „Kunststück"].

Ernst-Joachim Waschke, Martin Luther und die Juden oder: Von einem Irrweg in der Theologie, in: Julia Männchen, Torsten Reiprich (Hgg.), Mein Haus wird ein Bethaus für alle Völker genannt werden (Jes. 56,7): Judentum seit der Zeit des Zweiten Tempels in Geschichte, Literatur und Kult; Festschrift für Thomas Willi zum 65. Geburtstag (Neukirchen-Vluyn: Neukirchener Verlag, 2007), S. 371–384.

Hartmut Weber, Von der Schwierigkeit mit Jubiläen. Anmerkungen zum Luther-Jahr im Hörfunk, in: Hans Süssmuth (Hg.), Das Luther-Erbe in Deutschland: Vermittlung zwischen Wissenschaft und Öffentlichkeit (Düsseldorf: Droste, 1985), S. 216–220.

Wilhelm Weber, Luther-Denkmäler: Frühe Projekte und Verwirklichungen, in: Hans-Ernst Mittig, Volker Plagemann (Hgg.), Denkmäler im 19. Jahrhundert: Deutung und Kritik (München: Prestel, 1972) [Studien zur Kunst des 19. Jahrhunderts; 20], S. 183–215.

Wilhelm Weber, Martin Luther im Spiegel der Kunst des 19. und 20. Jahrhunderts, in: Ebernburg-Hefte 21 (1987), S. 153–190.

Wolfgang E. J. Weber, Protestantismus, Historismus, Borussianismus. Voraussetzungen und Dimensionen der Geschichtswissenschaft und des Geschichtsbildes im Deutschland des 19. Jahrhunderts, in: Klaus Tanner (Hg.), Konstruktion von Geschichte: Jubelrede – Predigt – protestantische Historiographie (Leipzig: Evangelische Verlagsanstalt, 2012) [Leucorea-Studien zur Geschichte der Reformation und der Lutherischen Orthodoxie; 18], S. 307–320.

Ingeborg Weber-Kellermann, Der Familienvater [i.e. Martin Luther], in: Hans Jürgen Schultz (Hg.), Luther kontrovers (Stuttgart, Berlin: Kreuz-Verlag, 1983), S. 122–135.

Guenther Wegener, Lutherkirchen in Hessen, in: Günter E. Th. Bezzenberger, Karl Dienst (Hgg.) Luther in Hessen (Kassel, Frankfurt/M.: Verlag Evangelischer Presseverband, 1983), S. 90–109.

Maria Lucia Weigel, Das Buch in der Hand des Reformators: Lutherbildnisse aus der druckgraphischen Sammlung des Brettener Melanchthonhauses, in: Annette Hoffmann, Frank Martin, Gerhard Wolf (Hgg.), BücherGänge: Miszellen zu Buchkunst, Leselust und Bibliotheksgeschichte; Hommage an Dieter Klein (Heidelberg: Manutius-Verlag, 2006), S. 75–86.

Christoph Weimer, Luther, Cranach und die Bilder: Gesetz und Evangelium – Schlüssel zum reformatorischen Bildgebrauch (Dissertation Universität Frankfurt/M., 1996/97; Stuttgart: Calwer Verlag, 1999) [Arbeiten zur Theologie; 89].

Ulman Weiß (Hg.), Flugschriften der Reformationszeit: Colloquium im Erfurter Augustinerkloster 1999 (Tübingen: Bibliotheca-Academica-Verlag, 2001).

Dorothea Wendebourg, War Luther ein Reformkatholik? Evangelische Antwort auf eine römisch-katholische Frage, in: Hans Medick, Peer Schmidt (Hgg.), Luther zwischen den Kulturen: Zeitgenossenschaft – Weltwirkung (Göttingen: Vandenhoeck & Ruprecht, 2004), S. 523–529.

Dorothea Wendebourg, Vergangene Reformationsjubiläen. Ein Rückblick im Vorfeld von 2017, in: Heinz Schilling (Hg.), Der Reformator Martin Luther 2017: Eine wissenschaftliche und gedenkpolitische Bestandsaufnahme (München: De Gruyter Oldenburg, 2014) [Schriften des Historischen Kollegs; Kolloquien; 92], S. 261–282.

Udo Wennemuth, Luthererinnerung in Baden 1883, in: Stefan Laube, Karl-Heinz Fix (Hgg.), Lutherinszenierung und Reformationserinnerung (Leipzig: Evangelische Verlagsanstalt, 2002) [Schriften der Stiftung Luthergedenkstätten in Sachsen-Anhalt; 2], S. 97–126.

Elke Anna Werner (Hg.), Lucas Cranach d. J. und die Reformation der Bilder (München: Hirmer, 2015).

Ferdinand Werner, Das Lutherdenkmal und die Wormser Ringanlagen, in: Der Wormsgau 28 (2010/2011), S. 119–162.

Reinhold Wex, Luthers und anderer Konterfei: Ausstellung in der Burg Dankwarderode vom 29. August bis 20. Oktober 1996 – Herzog-Anton-Ulrich-Museum, Braunschweig (Braunschweig: Herzog-Anton-Ulrich-Museum Braunschweig, 1996).

Brage bei der Wieden, Mensch und Schwan: Kulturhistorische Perspektiven zur Wahrnehmung von Tieren (Bielefeld: Transcript, 2014) [Edition Kulturwissenschaft; 52].

Erhard Wiersing, Der ferne Luther: Überlegungen zu einer schwierig gewordenen Begegnung; Vortrag gehalten anlässlich der Eröffnung der Ausstellung „Martin Luther zum 500. Geburtstag am 12. November 1983" in der Lippischen Landesbibliothek Detmold (Detmold: Lippische Landesbibliothek Detmold, 1984) [Nachrichten aus der Lippischen Landesbibliothek Detmold; 13].

Nicola Willenberg, „Mit Luther und Hitler für Glauben und Volkstum": Der Luthertag 1933 in Dresden, in: Klaus Tanner, Jörg Ulrich (Hgg.), Spurenlese – Reformationsvergegenwärtigung als Standortbestimmung (1717–1983) (Leipzig: Evangelische Verlagsanstalt, 2012) [Leucorea-Studien zur Geschichte der Reformation und der Lutherischen Orthodoxie; 17], S. 195–237.

Lutz Winckler, Martin Luther als Bürger und Patriot. Das Reformationsjubiläum von 1817 und der politische Protestantismus des Wartburgfestes (Lübeck, Hamburg: Matthiesen, 1969) [Historische Studien, 408].

Friedrich Wilhelm Winter, Die Erlanger Theologie und die Lutherforschung im 19. Jahrhundert (Gütersloh: Gütersloher Verlagshaus, 1995) [Die Lutherische Kirche, Geschichte und Gestalten; 16].

Walter Wiora (Vorw.), Triviale Zonen in der religiösen Kunst des 19. Jahrhunderts (Frankfurt/M.: Klostermann, 1971) [Studien zur Philosophie und Literatur des neunzehnten Jahrhunderts; 15].

Esther Pia Wipfler, Martin Luther in Motion Pictures: History of a Metamorphosis (Göttingen: Vandenhoeck & Ruprecht, 2011).

Günter Wirth, Luther-Ehrungen in den Medien der DDR, in: Hans Süssmuth (Hg.), Das Luther-Erbe in Deutschland: Vermittlung zwischen Wissenschaft und Öffentlichkeit (Düsseldorf: Droste, 1985), S. 234–251.

Yvonne Wirth, Reformation und Politik in der Kunst der Kurfürsten zu Sachsen ernestinischer und albertinischer Linie, in: Dirk Syndram, Yvonne Fritz, Doreen Zerbe (Hgg.), Luther und die Fürsten: Selbstdarstellung und Selbstverständnis des Herrschers im Zeitalter der Reformation; Teil 1: Aufsatzband (Dresden: Sandstein, 2015), S. 181–186.

Alex Wittendorff, Historisch-materialistische Auffassungen von Luther und der Reformation, in: Bjørn Ekmann, Børge Kristiansen (Hgg.), Luther und die Reformation (Kopenhagen: Verlag Text u. Kontext; München: Fink, 1982) [Kopenhagener Kolloquien zur Deutschen Literatur, Band 5; Text & Kontext, Sonderreihe, Band 13], S. 60–75.

Rainer Wohlfeil, Das wissenschaftliche Lutherbild der Gegenwart in der Bundesrepublik Deutschland und in der Deutschen Demokratischen Republik: Ein Vergleich (Hannover: Niedersächsische Landeszentrale für Politische Bildung, 1982).

Rainer Wohlfeil, Lutherische Bildtheologie, in: Horst Bartel, Gerhard Brendler, Hans Hübner, Adolf Laube (Hgg.), Martin Luther. Leistung und Erbe (Berlin: Akademie-Verlag, 1986) [Beiträge der internationalen wissenschaftlichen Konferenz „Martin Luther – geschichtliche Stellung und historisches Erbe", Halle/Saale 1983], S. 268–275.

Rainer Wohlfeil, Lutherdeutungen 1983 unter sozialgeschichtlicher Betrachtungsweise, in: Günther Klages (Hg.), Luther-Dekade 1983: Reformation in Hildesheim (Hildesheim, Zürich, New York: Olms, 1984), S. 49–71.

Fritz Wolff, „Ein Tag, der gar in hundert Jahren nur einmal dich begrüßt…": Evangelische Jubiläumsfeiern in Hessen vom 17. bis zum 20. Jahrhundert, in: Günter E. Th. Bezzenberger, Karl Dienst (Hgg.) Luther in Hessen (Kassel, Frankfurt/M.: Verlag Evangelischer Presseverband, 1983), S. 70–89.

Otto Wolff, Die Haupttypen der neueren Lutherdeutung (Stuttgart: Kohlhammer, 1938) [Tübinger Studien zur systematischen Theologie; 7].

Markus Wriedt, Luther und Demokratie – Zur Inanspruchnahme des reformatorischen Erbes für gegenwärtige protestantische Erinnerungskultur, in: Thomas K. Kuhn, Katharina Kunter (Hgg.), Reform – Aufklärung – Erneuerung: Transformationsprozesse im neuzeitlichen und modernen Christentum; Festschrift zum 80. Geburtstag von Martin Greschat (Leipzig: Evangelische Verlagsanstalt, 2014), S. 48–68.

Helmut Zeddies, Luther, Staat und Kirche: Das Lutherjahr 1983 in der DDR. Gastvortrag am 28. November 1983 an der Universität Augsburg (Augsburg: Universität Augsburg,1984) [Augsburger Universitätsreden; 2].

Helmut Zeddies, Luthers unbequemes Jubiläum – Beobachtungen und Überlegungen zum Luther-Jahr in der DDR, in: Otto Hermann Pesch (Hg.), Lehren aus dem Luther-Jahr: Sein Ertrag für die Ökumene (München, Zürich: Schnell & Steiner, 1984), S. 11–28.

Ernst Walter Zeeden, Martin Luther und die Reformation im Urteil des deutschen Luthertums: Studien zum Selbstverständnis des lutherischen Protestantismus von Luthers Tode bis zum Beginn der Goethezeit. Teil 1: Darstellung (Freiburg: Herder, 1950); Teil 2: Dokumente (Freiburg: Herder, 1952).

Ursula Zehm, Die Nationaldenkmäler für Goethe und Schiller in Weimar und für die Reformation in Worms, in: Bärbel Stephan (Hg.), Ernst Rietschel, 1804–1861: Zum 200. Geburtstag des Bildhauers (München, Berlin: Deutscher Kunstverlag, 2004), S. 99–108.

Reimar Zeller, Prediger des Evangeliums: Erben der Reformation im Spiegel der Kunst (Regensburg: Schnell & Steiner, 1998).

Hildegard Zimmermann, Holzschnitte und Plattenstempel mit dem Bilde Luthers und ihre Beziehungen zur Werkstatt Cranachs, in: Jahrbuch der Einbandkunst 1 (1927), S. 112–121.

Klaus Zimmermann, Martin Luthers Leben: Illustrationen des 19. Jahrhunderts. Zum 500. Geburtstag Martin Luthers (1483–1983) (Coburg: Evangelisch-Lutherisches Pfarramt Coburg – St. Moritz, 1983).

Olaf Zimmermann, Theo Geißler (Hgg.), Disputationen I: Reflexionen zum Reformationsjubiläum 2017 (Berlin: Deutscher Kulturrat, 2013) [Aus Politik und Kultur; 10].

# Autoren

## Andreas Kuhn, M. A.

geb. in Mannheim, freier Kulturhistoriker, Neustadt a. d. Weinstraße.
Publikationen vor allem zu Kulturgeschichte, Ikonographie und Volksfrömmigkeit

## Dr. Gabriele Stüber

geb. in Lübeck, 1989–1992 Leiterin des Nordelbischen Kirchenarchivs Kiel; seit August 1992 Leiterin des Zentralarchivs der Evangelischen Kirche der Pfalz, Speyer.
Publikationen vor allem zur Sozialgeschichte nach dem Zweiten Weltkrieg, Volksfrömmigkeit und Diakoniegeschichte